我们如何书写科学

第六届、第七届中国科普作家协会
优秀科普作品奖获奖图书佳作评介

李红林 陈玲 张峰 主编

上海交通大学出版社
SHANGHAI JIAO TONG UNIVERSITY PRESS

内容提要

如何炼就一本优秀科普图书？本书以第六届、第七届"中国科普作家协会优秀科普作品奖"的获奖图书为对象，从作者、编者、读者三个角度进行评介，立体地呈现一部优秀的科普图书从创作、编辑到抵达读者全过程中的编创理念、方法技巧、心得体会和品读感悟、发现收获等，以评论促进创作，为更多优秀科普作品的产生提供借鉴和启示。同时，本书按照图书主题设置了"科技前沿""生命健康""自然生态"三个板块，集中反映不同领域科普图书创作、编辑出版以及读者品鉴的特征及规律。本书可为各相关领域的科技工作者、科普创作者和编辑出版机构开展科普创作提供参考，以期共促科普创作和科学阅读的繁荣发展。

图书在版编目(CIP)数据

我们如何书写科学:第六届、第七届中国科普作家协会优秀科普作品奖获奖图书佳作评介/李红林,陈玲,张峰主编. —上海:上海交通大学出版社,2024.7
(中国科普作家协会优秀科普作品奖获奖优秀科普作品评介丛书/王挺总主编). —ISBN 978-7-313-30986-0

Ⅰ.G236

中国国家版本馆 CIP 数据核字第 2024EJ4235 号

我们如何书写科学
WOMEN RUHE SHUXIE KEXUE

主　　编:李红林　陈　玲　张　峰
出版发行:上海交通大学出版社　　　　　地　　址:上海市番禺路 951 号
邮政编码:200030　　　　　　　　　　　电　　话:021-64071208
印　　制:上海颛辉印刷厂有限公司　　　经　　销:全国新华书店
开　　本:710mm×1000mm　1/16　　　印　　张:16.25
字　　数:200 千字
版　　次:2024 年 7 月第 1 版　　　　　印　　次:2024 年 7 月第 1 次印刷
书　　号:ISBN 978-7-313-30986-0
定　　价:88.00 元

本书编写组

主　编　李红林　陈　玲　张　峰

参　编　金梦瑶　齐　钰　谢丹杨

　　　　　　娄　纯　王景睿　李　茵

　　　　　　闫进芳　沈　丹

前　言

　　科普创作是科学普及的源头活水，科普的健康、快速、可持续发展有赖于科普创作的繁荣，优质科普内容的创作更是新时代科普高质量发展的根本保障。科普图书作为一种典型的科普作品形式和科普媒介形式，长期以来在科普领域发挥着不可替代的作用。随着新媒体时代的到来，尽管从整体上看，纸本图书出版与阅读的发展势头不如数字阅读，但科普类图书仍保持良好的发展态势，甚至呈现逆势而上的勃勃生机。叫好叫座的优秀作品不断涌现，越来越多的科技工作者投身科普创作领域，为推进全民科学阅读，提升科学素质，满足人民群众的精神文化需求提供了丰富的养料。

　　《全民科学素质行动规划纲要（2021—2035 年）》提出"实施繁荣科普创作计划"，"支持优秀原创科普作品"，"扶持科普创作人才成长，培养科普创作领军人物"，为当前及未来一段时间科普创作繁荣发展提供了政策保障。国家科学技术进步奖、科技部全国优秀科普作品，以及北京、上海等地的政府科学技术奖对科普创作成果的表彰奖励等，都为科普创作繁荣发展营造了良好的社会激励环境。"中国科普作家协会优秀科普作品奖"是科普创作领域社会组织设奖的代表。该奖项 2008 年经国家科学技术奖励工作办公室批准设立，每两年评选一次，迄今已完成七届评选活动。作为中国科普创作领域的最高奖项，用于表彰奖励全国范围内以中文或国内少数民族语言创作的优秀科普作品的创作者和出版制作机构，推出科普精品，繁荣科普创作和宣传出版事业，为提高全民族科学文化素质，促进社会主义物质文明和精神文明建设贡献力量。目前，奖项设置有科普图书、科普影视动画，以及青年短篇科普佳作(第五届增设)三个类别。截至 2024 年 3 月，获奖作品中先后有 19 部荣获"国家科学技术进步奖"二等奖。

科普创作的繁荣发展，核心在创作者(包括作者、编辑出版者)，驱动在读者。好的作品，是能满足读者需求，激发读者热情，引发读者思考的作品。好的作品，更需要创作者的用心耕耘、精心打磨。针对当前的优秀科普作品，开展基于创作者视角和读者视角的评述，总结经验，凝练智慧，洞悉需求，汇聚共识，可以为更多优秀科普作品的产生提供一些启示。基于此，从 2011 年开始，中国科普研究所启动"中国科普作家协会优秀科普作品奖"获奖图书评介工作，至今已出版《首届优秀科普作品评介》《第二届获奖优秀科普作品评介》《科普创作与编辑：第三届获奖科普作品佳作评介》《科普创作与编辑：第四届获奖科普作品评介》《科普创作与编辑：第五届中国科普作家协会优秀科普作品奖获奖图书佳作评介》。该系列图书通过精心策划组织，推出了一批从创作者和读者视角出发的讲述、诠释和评论，总结了科普创作、编辑与评论之道，为推动科普创作高质量发展作出了积极贡献。

《我们如何书写科学：第六届、第七届中国科普作家协会优秀科普作品奖获奖图书佳作评介》是上述延续性工作的成果。评介对象为第六届、第七届"中国科普作家协会优秀科普作品奖"的获奖图书。第六届评奖活动 2019 年 9 月正式启动，评选范围为 2018 年 1 月 1 日至 2019 年 12 月 31 日期间正式出版的科普作品。评选活动收到符合资格的科普图书 453种，初评入选 152 种，最终评选出金奖作品 10 种，银奖作品 19 种，合计 29

种。第七届评选活动 2021 年 12 月正式启动,评选范围为 2020 年 1 月 1 日至 2021 年 12 月 31 日期间正式出版的科普作品。评选活动收到符合资格的科普图书 618 种,初评入选 187 种,最终评选出特别奖作品 2 种,金奖作品 10 种,银奖作品 19 种,合计 31 种。

如前所述,一本真正深入人心的科普好书的出版,需要创作者的努力,同样也需要读者的积极反馈。读者对于科普图书的选择与意见,能够帮助创作者拓宽思路、适时改进,从而建立起基于公众需求的良性创作循环。因此,本书使用"我们如何书写科学"作为主标题,这里的"我们",包括作者(译者)、编辑出版者和广大读者,他们共同形成了"我们"的群像,共同推动科普创作与传播的繁荣。同时,我们也越来越注意到,以一些著名科学家为代表,越来越多的科技工作者加入科普创作行列,成为"我们"大家庭的一员。他们作为科研一线人员,是科学普及的"第一发球员",最适合把科学知识及时、准确地传递给公众,并以亲历其中的真情实感讲述好科学故事和科学家的故事,让公众深刻感悟科学精神和科学家精神,共同营造尊重科学、崇尚创新的良好社会氛围,推进我国加快建设科技强国、实现高水平科技自立自强的步伐。他们,是"我们"大家庭的重要成员。

因此,相较此前的系列图书,《我们如何书写科学:第六届、第七届中国科普作家协会优秀科普作品奖获奖图书佳作评介》进行了一些更有针对性的创新考虑。首先,尽可能就单本书(或每部分以一部典型图书为例)同时进行作者、编辑出版者以及读者三个角度的评介,更立体地呈现一本书从创作、编辑到抵达读者的全过程中所包含的编创理念、方法技巧、心得体会和品读感悟、发现收获等,形成互文。其次,根据图书的重点读者对象进行了分类细化。本次研究综合第六届、第七届"中国科普作家协会优秀科普作品奖"获奖的 60 种图书,策划了公众向和青少年向的两个分册,以满足不同读者以及面向不同读者对象的科普创作者的多样化需求。再者,按照图书主题对内容进行了架构。例如,公众向分册设置了"科技前沿""生命健康""自然生态"三个板块,以集中反映各主题领域科普图书创作、编辑出版以及品读的规律及特征,为各相关领域的科普编创和品读提供参考。

上述考虑一方面期望能为广大科技工作者、科普创作者、编辑出版机构开展科普创作,尤其是"面向世界科技前沿、面向经济主战场、面向国家重大需求、面向人民生命健康"等重大题材开展科普创作提供一些借鉴,以"科普创作繁荣"助力科普高质量发展,更好服务高水平科技自立自强。另一方面,期望引发更广大读者,尤其是青少年群体的阅读与思考,共同营造爱读书、读好书、善读书和讲科学、爱科学、学科学、用科学的良好社会氛围,以科学阅读涵养科学精神,以科学精神孕育创新创造,厚植创新沃土,汇聚蓬勃力量。

当然,以上初衷非朝夕之间、个人之力所能实现,有赖多方的共同、持续努力。正如本书的编撰,得到了第六届、第七届获奖图书的作者、编辑的积极响应和诸多专家、学者及读者的有力支持,在此,我们表示衷心的感谢。鉴于编写水平之限,书中不足之处在所难免,恳请各位读者不吝指正。

本书编写组

2024 年 3 月

目　录

自然生态篇

153

科技前沿篇

　　面向科技前沿的科普是近年来科普工作的重点发力方向，面向科技前沿的科普创作是新时代科普的重要使命任务之一。科技前沿是当前科技领域中具有前瞻性、创新性和领导性的研究方向或领域，代表科技发展的最先进部分，是推动社会进步和持续发展的重要力量，更是关系我国创新驱动发展战略目标实现的关键。聚焦国内外科技前沿成果、国家科技战略政策、"卡脖子"关键核心技术等开展科普，对增进公众理解科技前沿、推动全民科学文化素质提高、为科技前沿发展与创新提供人才储备和社会基础、不断促进高水平科技自立自强，都具有重要意义。

面向科技前沿的科普创作，尤其需要科研一线的科学家们的加入。事实上，由科学家领衔创作的科技前沿精品科普图书已经越来越多地进入读者视野，广受好评，激发着广大公众，尤其是青少年对深海、深地、深空、深蓝等领域的热切关注。《深海浅说》作者汪品先院士带领我们步入黑色的深海，认识那些陌生的、身怀"特异功能"的深海生物，引发对未来基因工程发展的好奇和对海洋资源保护现状的反思；《极简天文课》以通俗幽默的语言阐释严肃艰涩的天文学，帮助读者打破科学的壁垒，感受获取知识的快乐，让更多读者爱上天文、爱上科学；《月球车与火星车》展现了中国航天探索事业的跨越式进步，作者亲历了我国将探测器送上月球和火星的震撼过程，读者也在书中体会了一把"忙中作乐"的科学家生活；《月球旅店》以扎实的物理、天文、航天、能源、地质甚至金融等领域的专业知识，铺设出人类在月球旅游生活的场景，用科幻外衣下的温情内核拉近外太空与地球人类的距离；《观天巨眼：五百米口径球面射电望远镜（FAST）》呈现了世界顶尖的射电望远镜的建造历程和科学成就，让读者了解"国之重器"对人类认识宇宙的深远意义和国家支持物理学前沿发展的决心；《爱犯错的智能体》在人工智能领域探讨了人类智能和人工智能的优劣，从而引发普通读者对人工智能未来发展的思考。

优秀科普作品打开了科学秘境的大门，吸引有志之士加入科学探索的行列。这样的作品越多，投身我国科技创新事业的人才就越多，高水平科技自立自强的目标会更快实现。

书名：《**深海浅说**》

作者：汪品先　著

出版时间：2020 年 10 月

出版社：上海科技教育出版社

所获奖项：

第七届"中国科普作家协会
优秀科普作品奖"金奖

《深海浅说》是一本写给所有人的深海科普图书，荟萃了汪品先院士十余年深海科普工作的丰厚成果。全书共 8 章，从人类对海洋的早期探索、深海的基础知识，到深海的开发保护、深海前沿研究面临的科学挑战等，以深入浅出的逻辑、有趣易懂的语言，揭开深海的神秘面纱。书中精选了 150 幅插图，将深海世界真实地呈现在读者眼前。

推进科学研究与科学普及的无缝连接

——以《深海浅说》的创作谈科普 *

汪品先

一、无心插柳

做事情分有心栽花和无心插柳两类，我做科普是从无心插柳开始的。从 1980 年代后期起，我当了五届"两会"代表或者委员，每年开会我都呼吁国家要增强海洋意识、制定海洋国策，引来了报刊媒体向我约稿，我当然求之不得。1990 年代开始，又有干部培训班来约我讲海洋，还邀请我到各学校去做报告，宣传海洋知识，鼓吹向海洋进军，这些报告内容也都可以整理成文字发表。几年之后回头一看：这不就是在做海洋科普吗？

至于"有心栽花"做科普，那已经是 21 世纪的事了。记得一次开会纪念《十万个为什么》出版多少周年，人人都说好。我说好什么呀，这套书是"干"的，压根就没有海洋。当时会上就有人将了我一军："那你就来编一

---

* 本文系作者在 2021 年 10 月"汪品先科普作品研讨会"上的主旨发言。

　汪品先，1936 年生于上海，海洋地质学家。同济大学海洋与地球科学学院教授，中国科学院院士。

本海洋卷。"我接下这根令箭,还真干了起来。"为什么"这套书的关键是把问题出好,真的是孩子问大人,而不是老师考学生的问题,这也是我编书的切入点。所以说,主编《十万个为什么·海洋卷》,是我"下海"做科普的标志。

对于老师来说,科普和教学之间很难划界线。两者的不同是教学有固定的要求,学生必须掌握哪些知识;而科普无所谓要求,你爱听不听。至于课堂讲解的方式,其实和科普没有严格区别,上课用科普的语言讲,比虎着脸讲效果更好,关键在老师会不会。同样的原理也适用于教材,如果教材在形式上也像科普书那样活跃,会更受学生欢迎,国外有很好的先例。我们编的教材《地球系统与演变》,是 20 年讲课的积累,也想用科普书的形式编写。经过加工提高,以及插图的改进,这本书出版后受欢迎的程度超过预期。书中有几段内容,直接被刊物拿去当科普文章发表,使我们深受鼓舞。

二、正本清源

2020 年,我的《深海浅说》出版了,那才真的是科普书。起先的设计不是科普,和出版社约定好的,是在干部培训基础上写一本海洋读物。后来觉得这类教材式的读物已经不少,何不另辟蹊径,来一本有深度的高级科普。

我国出版界的通病在于"抄",不但新闻如此,连科普读物往往也大同小异。中文科普质量不够高的原因之一,是缺乏一手货,都是二手、三手以上的转手货。源头几乎都是英文,第一个人翻译错了,大家都跟着错。深海科学在我国是个新领域,这种现象更加严重。实际上,深海也是科学界进展最快的领域之一,许多新发现、新问题都足以引起社会兴趣,都有巨大的科普潜力,都要求有人直接从新近的国际文献引进。

再有就是科普介绍的深度。通常的科普文章只讲发现的结果,不讲发现的过程。其实有用的不仅是发现了什么,而是如何发现的。这又是中文科普文献的另一个弱点。原因不难理解,因为写过程就要去追踪源头,不是靠简单抄写或者翻译就能了事的。因此,做科学研究的专业人员,有着做高质量科普的天然优势。

这些也就是我写《深海浅说》的出发点。既然深海是我的专业,我就有责任把深海的趣味、深海的麻烦告诉社会。"一犬吠形,百犬吠声",假如你不甘心当"百犬",那就得从源头去追这个"形"。我这一追还真吓了一跳,比如说"阿尔文号"深海潜艇发现深海热液的过程,国内几乎所有的文献都说错了。原来故事没有那么简单:1977 年地质学家去找烟囱的航次,意外发现了热液生物群;1979 年生物学家去找热液生物的航次,反而发现了黑烟囱,非常有趣。也许你会说这是细节并不重要,殊不知正是过程里的细节,可以给后人如何做研究的启发。

三、无缝连接

科学家自己动手做科普不但有优越性,而且有必要性。科学是分"科"的"学"问,随着发展学科越分越细,于是出现了两种前景:一种是隔行如隔山,各自躲在象牙之塔里自娱自乐;一种是学科交叉,在交叉领域里点燃新的火种,更好地发热发光。为了交叉,你必须把自己的学科说得别的学科的人也能懂,而这恰恰是国内科学界的短板。再说,科学家也有责任向社会汇报,向纳税人汇报:你在做什么,做了有什么用。

前十年,全国三十个实验室合作完成的"南海深部计划",是我国海洋领域最大规模的基础研究计划。在开总结大会的时候,我们要求所有的报告人,争取用记者听得懂的语言介绍自己的成果。作为大计划的负责人,我那天的总结报告题目就是"南海演义",类似用《三国演义》的形式来介绍《三国志》的内容。根据同样的精神,作为大计划总结的中文汇报,我们在《科技导报》办了一期南海深部的专辑。

因此,用科普形式表达科学成果,不是降低,而是在提高科学水平。过去有一种误会,以为讲得越深说明水平越高,而"深"的标准就是不容易懂。事实正好相反,科学家只有理解透彻,才能够用简单的语言表达。真理是简单的,如果确实融会贯通,到了炉火纯青的地步,就怎么讲怎么有道理。反之,转弯抹角地自圆其说,只能一字不漏念稿子的科学观点,往往不见得是真理。在学术的高处,科学的研究和普及是同一事物的两个方面,应当无缝衔接。

四、华夏文化

科学的源头创新,要求有文化土壤,而中国科学家能够依靠的,首先是从小培养其成长的华夏文化。源头创新和一般性的科学进步不同,往往要从科学之外得到启发,这就是文化。牛顿的苹果和阿基米德的澡盆都不属于科学范畴,而创新思维就从那里萌芽。反过来,科学创新一旦实现,又会对文化进行反哺,成为社会文化进步的推动力量。

从社会的角度看,有些大科学家在科普上的成就,可能比研究的贡献影响还要大。美国海洋生物学家蕾切尔·卡森写的科普作品《寂静的春天》,唤醒了全世界的环境保护意识,成为半个多世纪来可持续发展运动的先锋。美国物理学家乔治·伽莫夫享誉全球,但大家知道最多的是他的科普作品《物理世界奇遇记》,而不是他参与创立的宇宙起源理论。

我国的科学界,本来就有文理兼修的优良传统。中国科学社创始人之一的赵元任,你没法说他究竟是物理学家还是语言学家;我国地质学泰斗尹赞勋,1940年亲自编写过中国地质学会会歌《大哉我中华》。当前我国文理分隔的局面,是培养创新人才的一大障碍。有鉴于此,我在朋友们的支持下,两度在同济大学开设了"科学与文化"的大课,课程本身就是集教育与科普于一身。尤其是到了 2021 年,通过网站为媒,直接进入社会科普的领域,产生了意想不到的巨大社会效果。

科学在中国发展到今天,面临着两个转型:一方面在国际上要从发展中国家的原料输出型,转为发达国家的深加工型;另一方面在国内,一个进入小康的社会,也正在转为科学普及型。我们高兴地看到,科普正在变成新的消费需求,新兴的科普产业提出了更高的质量要求,从一个新的侧面推进着科学与文化的结合。华夏文化不能永远"啃老",不能总是打"孔子牌"。只有将现代科学融入传统文化,创造出能够与汉唐盛世媲美的新一代作品,才能为华夏振兴提供立足国际的软实力。

让深海大洋"走入寻常百姓家"

——《深海浅说》编辑手记

程　着

《深海浅说》是一本写给所有人的深海科普书。

深海,是21世纪谈论的新题目和热点;深海,是地球系统中关键而又缺乏了解的部分;深海,拥有丰富的海洋资源及世界上最大的生物圈资源……近年来,"奋斗者号"坐底马里亚纳海沟、"雪龙号"远航极地大洋,新闻一次又一次将人们的视线带到那片蔚蓝领域,很多人想知道:深海是什么样的? 深海里有什么? 面对当前开发深海的国际竞争,我们应如何应对?

一、高屋建瓴——一部海洋"元科普"力作

《深海浅说》一书荟萃了汪品先院士十余年深海科普工作的丰厚成果,从人类对海洋的早期探索谈起,一直讲到深海的开发、保护、利用和权

程着,上海科技教育出版社主任助理,编辑。

益之争,精选八大主题,展示了截至 2020 年深海科学研究取得的一系列重大成果,介绍了最新的深海探测技术,列举了深海前沿研究面临的科学挑战。本书名曰"浅说",实则深入浅出,高屋建瓴,一览深海科学全貌。本书兼顾科学性与趣味性,既可供一般读者消闲科普阅读,也可作为海洋科学专业人士的补充读物。

《深海浅说》一书最大的特点是,它是一部"元科普"作品。根据"元科普"理论的提出者——著名科普作家卞毓麟的解释,元科普是工作在某个科研领域第一线的领军人物(或团队)生产的科普作品,这种作品是对本领域科学前沿的清晰阐释,对知识由来的系统梳理,对该领域未来发展的理性展望,以及科学家亲身沉浸其中的独特感悟。

《深海浅说》正是这样一部作品,作者汪品先院士致力于推进我国深海科技的发展,积极推动深海海底观测,促成了我国海底观测大科学工程的设立。同时,他还成功地推进我国地球系统科学的发展,提倡强化科学的文化内蕴,并身体力行促进海洋的科普活动。《深海浅说》是作者在过去数十年科普的基础上,收集最新材料写就的,从海洋的早期探索开始,一直讲到了现代大洋资源的开发与利用,是一部典型的"元科普"作品。

二、天然去雕饰——经典作品·精心加工

这并非汪院士的第一本书,但他之前的作品有的是偏向学术型的课本,有的是文集,有的则偏向图册,像这样一本面向大众的海洋科普书,还是首次尝试。因此,整个编辑团队都充满着期待。

原稿到手后,编辑一口气便读完了,倒不是为了赶进度,而是内容实在精彩,让人不忍释卷。看着文稿上那些熟悉的字眼:大洋张裂、大洋钻探、深部生物圈……仿佛又回到了课堂上,而与课堂不同的是,书中增添了许多故事性的描写,仿佛不是在阅读一本科普书,而是在读一部关于各大板块间分分合合的章回小说,又像是在读一本通过对岩心地层抽丝剥茧、破译地球历史的侦探小说。读完原稿,更加坚定了我们要在各个方面把这本书做到完美的想法,绝不能辜负了这么精彩的文字。

《舌尖上的中国》里有一句经典台词:"高端的食材往往只需要最朴素的烹饪方式。"用到《深海浅说》的编辑加工过程,异常合适。

凝练吸睛的标题、笔走龙蛇的行文、生动贴切的配图,高端的"食材"已经放在了桌案上,我们该如何加工,将这些原材料以最适合的方式呈现出来?编辑团队反复开会讨论,最终决定设计上以蓝色为主基调、突出"深海"主题;加工上尽量保持文字原有风味,与作者及时沟通,尊重作者意见。大原则确定后,大家迅速行动起来。

院士的作品,编辑起来压力与动力并存,且压力巨大。压力不仅来自作者的权威与读者的期待,更多还有编辑团队对自身的要求。而精彩的文字则给了我们最大的动力,期望在尽可能短的时间里出版这部作品,将瑰丽神奇的深海世界与广大读者分享。

在内容文字的修改上,编辑团队慎之又慎,但凡有改动,必定有出处,且只改必须改动的地方。每一处改动都经过了团队的反复讨论,确定需要修改的地方一一做好记录。将无法确定的改动用红笔标注在稿件上,标明编辑团队的想法,供汪先生参考定夺。汪先生对我们的工作十分配合,对我们的想法及时回应,常常发出邮件后半日便能得到回复,这也对我们的工作产生了极大的鼓舞。

编辑团队还将许多精力投入图片的处理工作中。地图自不必说,都请中华地图学社(简称地图学社)重新绘制并送相关部门进行了审核。在地图的配字和颜色调试上,与地图学社反复沟通。有些少见且没有固定中文翻译的地名,在查阅文献并征求作者意见后最终确定。

除地图外,还有大量的说明性图片,这些图片对于科普书十分重要,可以帮助读者更好地理解书中的科学内容。但是,若是图片过于"学术",又难免"劝退"一部分读者,因此,在处理这部分图片时,编辑团队十分注意图片的美观与趣味性,在保证科学性的前提下,尽量让图片的呈现简洁易懂,使图片成为文字的助力,而不增加额外的阅读难度。对于想要进一步了解图中知识的读者,也可以通过书末的图片来源找到相应文献,进一步研读。

正文配图在原稿中均已确定,但是有些图片出于精度考虑需要找到原始图。有一部分图片汪先生已经提供了原始文献来源,我们需要找到的是另一部分并不来自文献的图片。这时候,我们仿佛不像编辑,而像侦探,通过上下文透露出的蛛丝马迹,最终追踪到每幅图片的原始出处并明确版权。

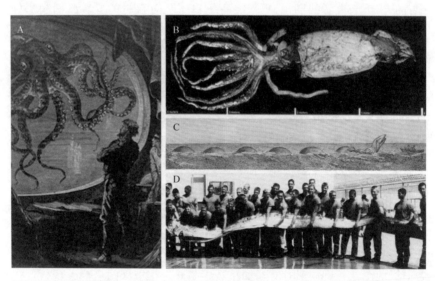

深海"水怪"和巨型动物。A.《海底两万里》中的章鱼袭击;B.巨型乌贼;C.古代传说中的"海蛇";D.深海皇带鱼。

以书中一幅"海怪"图片为例。这幅图由四幅小图组成,每一幅图都要追踪到原始图片。图 A,《海底两万里》,没问题,通过书籍的法文名再借助搜索引擎,找到了百年前的旧书中的原始图片;图 B,巨型乌贼,以图搜图,并不复杂;图 D,深海皇带鱼,稍微有些麻烦,不过结合上下文中提到的时间和数字等线索,还是能够找到当时的新闻图片。图 C,古代传说中的"海蛇"的搜寻就没这么幸运了,反复搜索,始终找不到与原稿一致的图片。不是这里多了点什么,就是那里少了点什么。经过了各种尝试之后,发现原图来自挪威博物馆,于是编辑就借助着翻译工具拼写出挪威语,终于在挪威的网站上找到了清晰的公版图片。这样的过程反复了许多次,所幸最后所有的图片都得到了妥善处理,并清晰鲜亮地呈现在了读者面前。诸如此类的细节不一一赘述。

封面是一本书的门面,而在为这本书设计封面时,团队煞费苦心——如何体现深海的"深",又不至于让人望而生畏。海面 200 米以下便是一片黑色的大洋,但若是如实呈现黑暗的深海,难免会让这本书整体过于沉闷。因此,美术编辑精心设计了深潜器下潜的主图,用白色的深潜器点亮漆黑的深海。同时,在封面的顶部,设计一束光线照入,用艺术化的手法,表现科普的主题。封面的下部,则拼贴了深海黑烟囱等特殊地形及五颜六色的冷水珊瑚,突出科学家们的发现,打破"深海是一片寂静"的固有看法。为了不破坏画面,而又方便读者了解书籍内容,编辑团队决定为本书增加腰封。腰封采用硫酸纸,同样是为了表现出深海的朦胧。团队既想保留深海的灵动,又担心低克数的封面用纸破坏书籍的质感,因此,最终选定软精装模式,将原有的封面设计用在铜版纸的护封上,而硬封则采用高克数的卡纸。硬封上印制的,正是汪先生下潜时发现的、我国南海的冷水珊瑚林。

作为一本全彩的、图片量大的科普图书,在用纸上团队也经过了颇多考量。纸张需要能够完美呈现图片,但又不会过于刺眼。不能太厚,以免拿在手上觉得笨重；又不能太薄，否则容易显得书籍"轻飘"。结合印制部门的推荐，最终选择了一种较高克重的、带涂覆的纯质纸印制本书。

整个编辑团队心往一处想，劲往一处使，耗时半年，本书最终在2020年10月与读者见面。

三、乘风起航——书籍营销，积极破圈

本书出版后大约一个月，传来"奋斗者号"成功坐底马里亚纳海沟的消息，借着这股"海风"，《深海浅说》的推广工作顺利启航。在营销部门的协助下，包括《人民日报》《解放日报》《光明日报》在内的十几家媒体在线下线上平台发布新书有关新闻，扩大本书的影响力。

在图书的基础上，汪先生及上海科技教育出版社还积极探索书籍推广途径，尝试多种方式，延伸《深海浅说》的影响力。

基于《深海浅说》内容，在bilibili视频网站"汪品先院士"账号上推出了"深海浅说：汪院士讲海洋"视频合集。合集一共36个视频，内容均来自《深海浅说》相关章节内容，点击量累计超3 000万次。通过书籍内容的视频转化，有效实现了科普的"破圈"，让更多人通过视频了解《深海浅说》，了解海洋。

为了让更多人能够阅读到本书，《深海浅说》积极参与了"农家书屋"等书目报送，将前沿海洋知识送到四面八方。同时，编辑团队发挥自身优势，"送科普"到学校、海警舰船等场所，与大家分享《深海浅说》。

在各方共同努力下，《深海浅说》出版不到半年就加印，截至2021年10月，已重印13次，发行超70 000册，在各大售书平台均获得读者好评。

同时，本书获评第七届"中国科普作家协会优秀科普作品奖"金奖、2020年度"中国好书"、2022年"全国优秀科普作品"等重要奖项，基本实现社会效益与经济效益的双丰收。

习近平总书记在 2016 年"科技三会"上强调"科技创新、科学普及是实现创新发展的两翼",科普编辑作为科普工作中的重要一环,有责任与义务将作者的心血以更合适的方式呈现给读者。未来我们将持续努力,推出更多优质科普图书,以飨读者。

公众期盼的元科普力作
——《深海浅说》读后

卞毓麟

有时候,科普读物和教材之间的界线是模糊的。但是,倘若有人说一部科普作品"写得像一本教科书",那么隐含的意思恐怕以负面居多。

但是,这也要看什么场合和语境。我读完《深海浅说》,就觉得它简直像一部出色的教科书。请别误会,我不是说它像一部讲授深海的教科书——作者汪品先院士在"引言"中已经申明:本书"不是教科书"。我想说的是,《深海浅说》堪称"元科普"的典范,对于科普创作,尤其是元科普作品而言,确实起到了教科书般的引领、指导作用。

经常有人说:"汪院士的科普真是不一样。"那么,请问:怎么就不一样了呢? 我以为,简而言之,那就是:汪品先院士做的许多科普,都是很到位的元科普。

卞毓麟,天文学家、科普作家、科技出版专家。中国科学院国家天文台客座研究员,上海科技教育出版社编审,上海市科普作家协会终身荣誉理事长。

恰好，"元科普"这个名词，也是我在汪先生出席的一次会议上首次提出和使用的。时间是在 2017 年 5 月 19 日，我在会上做了"元科普与科普产业化"的发言。汪先生当即表示，关于元科普，其实他已经考虑了很久，只是还没想好用什么恰当的词语来表达这个概念。

两个月后，2017 年 7 月 16 日《文汇报》"科技文摘"专版以整版篇幅论述"期待我国的'元科普'力作"，也刊登了汪先生的"书面发言"。他说：

元科普这个概念的提出，相当有意义。在这个知识爆炸的年代，跨学科的能力变得越来越重要。学科的交叉口，往往就是创新的源头。可是，学科越分越细，谁来为学科的鸿沟之间架设桥梁？解铃还须系铃人，由做出发现的科学家本人来做是最合适的，因为没有人比他更清楚其中的曲折、关节和甘苦。这种第一手的科普作品可以让人最迅速，也是最准确地掌握该项发现的核心内容，令行外人一目了然，从而拓展跨界能力，对于创新的意义是相当大的。

汪先生还说：

元科普的好处还在于防伪。中国目前的科普创作氛围还比较浮躁，产生了很多拼凑摘抄、令人不堪卒读的科普次品。甚至很多文章在科学性上就有硬伤，甚至反复转抄、以误传误。一旦元科普盛行，就可以堵塞科普界伪劣产品的销路，改良科普文坛的环境。

《深海浅说》一书，正是汪先生对此身体力行的成果。想当初，为了更清晰、准确地阐释"元科普"这一概念的内涵，我举了几个著名的例子。例如，爱因斯坦和英费尔德合著的《物理学的进化》、詹姆斯·D. 沃森著的《双螺旋：发现 DNA 结构的个人经历》、斯蒂芬·温伯格著的《最初三分钟：宇宙起源的现代观点》、利昂·莱德曼著的《上帝粒子：假如宇宙是答案，究竟什么是问题?》、约翰·C. 埃克尔斯著的《脑的进化：自我意识的创生》等。当时，我没举《深海浅说》这个例子，因为汪先生还没有写这本书。但是，做个事后诸葛亮，我相信这本书的种子早已在汪先生的脑海中生根、发芽，渐成雏形了。

在此，我们不妨再回顾一下，谈论科普，为什么要用这个"元"字？

《辞海》中，"元"的释义有十几项，主要意思包括："始、第一"；"为首的"；"本来、原先"；"主要、根本"等。用"元"字修饰科普，就是科普中的元典之作。

更具体地说，元科普是工作在某个科研领域第一线的领军人物（或团队）生产的科普作品，这种作品是对本领域科学前沿的清晰阐释；对知识由来的系统梳理；对该领域未来发展的理性展望；以及科学家亲身沉浸其中的独特感悟。

《深海浅说》对本领域科学前沿的阐释清晰而引人入胜。例如，20 世纪晚期，美国古海洋学者布勒克为解释北半球气候突变，提出了"大洋传送带"假设，《深海浅说》对其成功之处做了生动的介绍。然而，作者突然出人意料地笔锋一转，写道："近 30 年来，'大洋传送带'的概念在学术界根深蒂固，似乎已经是天经地义的真理。但是学无止境，正在学术界为这项发现热烈欢呼的时候，最近的科学发现却从根子上对'大洋传送带'提出了挑战。"接着，在"南大洋才是中心"这一节中，作者介绍了 21 世纪的一系列研究工作，并引出结论："多少年来，总是说北大西洋决定着全球的洋流，决定着全球的气候。现在终于弄明白：从海洋学上讲，南大洋才是世界大洋的中心……世界各大洋相互连接，其中心并不是北大西洋，而是南大洋。"

又如，《深海浅说》介绍始于 1968 年的大洋钻探，是 200 年来地球科学历史上影响最大、成果也最亮的基础研究国际合作计划。书中的讲述震撼人心："从组织的角度看，大洋钻探也是国际科学史上的奇迹：一项基础研究的国际合作计划，居然能历经 50 年而不衰。目前也正在研究

2050年前的科学计划，总共吸引了5000位各国科学家参与，可称为'深海研究的奥林匹克'。"

《深海浅说》对知识由来的系统梳理层次分明，不仅对"深海"这个总题目的探索历程有高屋建瓴的综述，而且对其中诸多重要方面也各有言简意赅的概括。例如关于海底地形测量，书中是这样写的："海底地形测量技术，从用绳子测点，到声波测线，再到遥感测面，经历了'点—线—面'的三部曲，在近几十年来取得了巨大进步，但是绝大部分海底至今缺乏详细的地形图，关键在于遥感技术应用的局限性……由于受几千米厚层海水的阻挡，人类对于海底地形的了解还不如月球背面，甚至不如火星。"作者在此展示了两幅同样比例尺的地形图，一幅是深海海底，一幅是火星表面，差异一目了然。读者自然明白，海底地形测量依然任重道远。

又如，"阿尔文号"深潜发现深海热液的故事，曲折而精彩：1977年地质学家去找烟囱的航次，意外发现了热液生物群；1979年生物学家去找热液生物的航次，却发现了黑烟囱。先前国内对此的科普阐述几乎都不准确，说是"阿尔文号"深潜加拉帕戈斯群岛时意外遇上了黑烟囱，《深海浅说》特地纠正曰："深海热液的发现是学术界多年努力取得的突破，并不是偶然的巧遇。"这也再次凸显了"元科普"这个"元"字的重要性。

《深海浅说》对未来发展的理性展望，涉及面很广。此处仅以"深海生物资源"为例。作者首先提出："什么才是'深海生物资源'？'深海生物资源'能不能开发？如果'能'的话又该如何开发？这一系列问题，已经摆到了海洋科学界的面前。"

确实，这些问题远比乍一想复杂得多。作者告诉我们，人类在海洋捕鱼，相当于在陆地上狩猎。在陆地上，人类从狩猎转向农牧业，走上了可持续发展的道路。而在今天的海洋，人类却在变本加厉地向"工业化捕鱼"的方向发展，这必然造成原有陆架和近海渔场的资源枯竭，渔民纷纷向深远海发展，其结果就是 1980 年代起全球性的渔业资源下降……

深水生物新陈代谢缓慢。《深海浅说》写道，深海生物资源不能像开矿那样开发，不能像收割庄稼那样去深海水底捕鱼，深海生物资源的开发利用，必须另辟蹊径，最值得注意的就是生物基因资源。"其着眼点不在于从深海索取动物蛋白，而在于深海的生物多样性。"深海生物有各种各样的"特异功能"——适应高温高压、在还原缺氧环境下繁盛、非人类尺度的长寿，等等，"提供这些特异功能的基因就是无价之宝，有着给人类带来特种福利的潜力。"

生活在热液口、泥火山和冷泉口、玄武岩孔隙里的微生物，具有我们完全陌生的生命活动方式，一旦解开这些生命之谜，将会进一步展示深海对于人类社会的价值所在。

《深海浅说》在全书最后一节"人类与深海"中打了个比方："人类对陆地的认识已经获得了大学文凭，开始读研；而对海洋的认识至多有个小学毕业的水平，还没有考入初中。"是啊，路漫漫其修远，人类要有自知之明，自强不息，努力进取啊！

阅读《深海浅说》，令我不时拍案叫绝，读毕却又觉得还不太过瘾。书中提到了我国的一些成就，例如"近年来我国快速发展深潜设备，接连涌现的'蛟龙号'7 000 m 和'深海勇士号'4 500 m 载人深潜器，以及多台遥控深潜器，都已经成为深海探索的尖兵"；也提到了 2018 年春，"深海勇士号"和加拿大 ROPOS 遥控深潜器，"分别下南海对西沙的深水区和北部的海山进行探索，都在 1 000～3 000 m 的深海底发现了成片分布的珊瑚林"等；但我还想更多地知道我国科学家，特别是汪先生本人及其团队在深海探测领域所取得的重大进展和成果。不过，作者在"引言"中已经有话在先，"为了集中主题，提高效率"，本书并不打算专门汇报国内进展。我想，也许不久以后，我们将会读到汪先生（或其团队）专门介绍国内进展的新书。也许,这本新书的书名会是《华夏深海谱新曲》吧？到那时,我们就可以更充分领略中国科学家们亲身沉浸在深海探索事业中的独特感悟了。

《深海浅说》清楚地表明:如果把科普比作一棵大树,那么元科普就是这棵大树的根。它不同于专业的论文综述,也不同于专职科普工作者的创作,而是科学前沿领军人物送来的一股"科学之泉"。

《深海浅说》也表明,这样的元科普作品,为其他种种科普作品提供了坚实的依据——包括可靠的素材和令人信服的推理,真实地传递了探索和创新过程中深深蕴含的科学精神。

汪先生在"引言"中告诉我们:"撰写这本《深海浅说》,就是想提供一份既能获取深海知识,又能当作消遣读物的科普材料……从深海的基础知识,一直讲到深海的开发利用,说明海洋既不能当作聚宝盆,也不该用作垃圾桶。在学术方面……争取既能反映国际科研的最新进展,又能追溯历史,揭示科学发展的过程。"确实,作者想做的,不仅都做到了,而且做得很出色。

科普,是科学家义不容辞的职责。但是,一线科学家们首先要致力于科研,他们应该或能够花多少时间和精力来做科普呢？

因人而异。但也有共同点,那就是尽可能把时间和精力优先用于做别人难以替代的事情,而"元科普"正是非由一线科学家来做不可的事情。我认为,汪先生在百忙之中花费时间和精力创作《深海浅说》,是将做科普的劲儿使在刀刃上了。《深海浅说》是公众期盼的、当之无愧的、有示范性的元科普精品,它填补了中国深海科学元科普的空白,值得方方面面的人士一读再读。

品科学之妙，赏深海之美
——读《深海浅说》*

周忠和

2020 年 10 月到 11 月，我国自主研发的深潜器"奋斗者号"在马里亚纳海沟展开万米海试，成功完成 13 次下潜，创造了 10 909 米的中国载人深潜新纪录。从"蛟龙号"到"深海勇士号"再到"奋斗者号"，以载人深潜为代表的中国海洋研究一步步走进深海。

深海是地球系统中十分关键的部分，深海研究能够使人类对地球的认知视野在空间和时间上不断拓展。例如，在深海发现的黑暗食物链和深部生物圈，大大扩展了生物圈的概念，也改变了地球科学与生命科学的关系。在传统地质学中，生物的"主角"是大化石，但实际改造地球的原核生物几乎没有形态化石可留，只靠生态过程影响化学元素周期表里几乎所有的元素，在三四十亿年的地质历史上默默"耕耘"。直到今天，随着深

* 本文发表于《人民日报》2020 年 12 月 22 日刊。
周忠和，中国科学院院士、进化生物学及古鸟类学家。中国科学院古脊椎动物与古人类研究所研究员，中国科普作家协会理事长。

海研究的深入,原核生物才有可能得到重新评价。深海大洋的研究不仅是地球科学,也是生命科学的突破口。

中国科学院院士、海洋地质学家汪品先的《深海浅说》是关于深海的科普书籍,满足了读者对于海洋知识,尤其是深海知识的渴求。汪院士长期致力于推进我国深海科技的发展,有力推动了中国地球系统科学研究。同时,他具有深厚的文化功底与人文情怀,在科研工作之余,笔耕不辍,在社会公众尤其是青少年心中播下深海探索的种子。过去,汪院士的科普作品零散见于各大报纸刊物,《深海浅说》是他对过去数十年科普成果的一次全面梳理,选材科学严谨,语言富有张力。

《深海浅说》名曰"浅说",实则深入浅出,高屋建瓴,一览深海科学全貌,堪称一部全面且精准的海洋科普力作。全书从早期海洋探索、海洋深度探测开始,到近年来的深海资源勘探开发与深海科技进展,精选八大主题,对深海进行全面揭秘。它介绍了目前深海研究取得的一系列重大成果,展示了最新的深海探测技术,指出了深海前沿研究面临的一系列科学挑战,兼顾科学性与趣味性,既可供一般读者进行科普阅读,也可作为海洋科学专业人士的补充读物。《深海浅说》的可读性堪比小说。每章开头,汪院士都用小段引语引入本章话题。如在第四章《海底在移动》中,先提到"海誓山盟""坚如磐石"等读者熟知的成语,随后话锋一转,展示深海大洋"移山倒海"的真相,勾起读者好奇心,让人禁不住再探究竟。又如,在第五章《解读深海档案》中,汪院士用类似推理小说的手法,将"小行星撞击地球""绿萍漂浮北冰洋""地中海干枯之争"几个科学问题的研究过程娓娓道来,科学严谨,妙笔生花。类似这样的描写俯拾皆是,让人不忍释卷。本书精选大量图片作为正文补充,让读者可以轻松理解书中所述内容,书末还提供参考书目及图片来源,方便有兴趣者深入学习。此外,《深海浅说》不仅着眼于海洋科学本身,更深入透视海洋对文化的影响。

汪院士说："我们研究科学不仅因为科学有用,更因为科学有趣。"希望借由《深海浅说》,让更多人领略海洋和科学的大美!

书名:《极简天文课》

作者:张双南 著

出版时间:2021 年 4 月

出版社:科学出版社

所获奖项:

第七届"中国科普作家协会
优秀科普作品奖"银奖

《极简天文课》以讲故事和回答问题的方式介绍了天文学对人类认识宇宙的几次飞跃、天文学和现代自然科学的关系、科学和文化的关系,以及天文爱好者和公众最关心的天文学的若干主题与最新进展。该书的主要内容取自作者广受欢迎的分答小讲"极简天文课",并在原来内容的基础上进行了一定的修改和补充,配上生动的插图,加入与听众的互动内容,进一步增加了可读性。

对科学教育的一种理解
——我为什么写《极简天文课》

张双南

几年前,出现了一个爆款的知识付费产品"分答",在朋友的撺弄之下,我也上去开了一个账号,没想到提问题的朋友特别多,我很快就招架不住了,不是回答不了问题,而是工作太忙没有时间回答。我经常做科普报告,也是常常被听众的问题拖住走不了。于是我就萌生了找个机会把大家的问题和我的回答系统整理出来的想法。恰好"分答"团队又开发出来了一个叫作"小讲"的产品,就是用语音系统地讲解一些知识,我就应"分答"团队的邀请开了"极简天文课",这个课程的名字其实是套用了我特别喜欢的一本科普书——卡洛·罗韦利的《七堂极简物理课》,我还为这本书的中文版写过推荐语。

"小讲"的一个功能就是听众可以和讲师用文字或者语音互动,于是

张双南,天体物理学家。中国科学院高能物理研究所粒子天体物理中心主任、中国科学院粒子天体物理重点实验室主任。

我又回答了不少大家关心的问题。恰好这时候科学出版社邀请我写一本科普书,我就答应了把"小讲"的内容整理出书。好在我在"小讲"的语音事先都已经有稿子了,所以并没有花多少工夫就把书的初稿弄出来了。

本书初稿完成于 2018 年初,书中我表达了对于黑洞和广义相对论研究尚未获得诺贝尔物理学奖的不满,并且把发现太阳系外的行星作为人类认识宇宙的最近一次,也就是第七次飞跃。幸运的是,2020 年的诺贝尔物理学奖就授予了对黑洞和广义相对论的研究成果,而 2019 年的诺贝尔物理学奖的一半授予了太阳系外的行星发现者,这都让我很开心! 当然也有不开心的,因为我在书中解释了我非常景仰的物理学家霍金为什么还没有获得诺奖,而且我特别希望他能够获得诺奖,但是在我完成初稿之后不久,霍金先生就去世了。尽管霍金先生最终没有获得诺奖,读者可以从书中了解到,霍金的科学成就足以使他成为近代最伟大的科学家之一。

除了对"小讲"的主要内容的扩充和完善,书中"极简天文史"和"天文学与科学方法"两堂课的主要内容取自我本人 2012 年在《中国国家天文》杂志发表的"天文学与现代自然科学"一文。这篇文章的主要内容是通过天文学简史,一方面总结出天文学的发展对现代自然科学的贡献,另一方面归纳出现代科学研究的方法,并且回答"什么是科学"这个广为人知的问题。

我认为,这本书能够获奖的原因之一是,这本书是国内为数不多的原创科普书,而市面上绝大多数科普书都是从国外引进的。客观地说,从国外引进的科普书绝大部分质量都很高,兼具故事性、知识性和可读性,很多都是畅销全球的科普书。我为很多引进的科普书都写过序或者推荐语,我推荐给读者的科普书绝大部分也都是引进的,我自己读的科普书大部分也是引进的或者是英文原文。但是这并不意味着我们不需要自己原创的科普书，毕竟在价值观和文化层面上，在科学发展的历史和科学教育的现实情况上，中国社会和国外还是有很大区别的。我们需要针对中国的具体情况和中国读者的特殊需求，创造中国的科普著作。实际上，本书出版之后，有国外的出版社曾经联系过我，希望将这本书翻译成英文，在国外出版。我婉言拒绝了，我的理由是，这本书就是为中国读者写的，不适合国外的读者。

我个人认为，中国社会目前处于第四次科学启蒙的阶段，也是最重要的一次科学启蒙。在 1919 年 5 月 4 日学生大规模游行作为标志的五四运动中，中国少数先进的知识分子推行了新文化运动，打出了"德先生"和"赛先生"这两面旗帜。从科学传播和科学普及的角度，这可以说是中国的第一次"科学启蒙"。然而，由于当时中国社会面临的危机是民族存亡，"德先生"和"赛先生"并没有在中国真正落地，这一次"科学启蒙"失败了。尽管如此，五四运动促进了反封建思想的发展，从西方传来的马克思主义在中国生根发芽、开花结果，最终诞生了中国共产党，与中国的实际相结合，夺取了革命的胜利，建立了中华人民共和国，最终产生了中国特色的社会主义新理论，才有了今天中华民族复兴的大好局面。

1956 年，党中央号召全国人民"向科学进军"，可以说是中国的第二次"科学启蒙"。政府随后制定了发展科学技术的十二年科技规划（《1956—1967 年科学技术发展远景规划》）和十年规划（《1963—1972 年科学技术规划纲要》），催生了以"两弹一星"为代表的一大批科技成果，建立了中华人民共和国的工业体系。然而，由于当时中国急需的是国防和工业技术，现在回过头来看，整个社会实际上都是在"向技术进军"，"科学启蒙"并没有完全成功。

1978 年召开了全国科学大会，邓小平同志发表了"科学技术是第一生产力"的著名论断，被称为"科学的春天"到来了，这可以说是中国的第三次"科学启蒙"。从那时到现在,对知识的渴望和追求就一直成为中国社会发展的主要动力之一,所以1978年的"科学的春天"严格说起来应该是"科学知识的春天","科学启蒙"也没有完全成功。

这三次"科学启蒙"都对中国的发展起了关键的作用,有力地推动了社会的进步、文明的发展和国家实力的迅速提升。然而,直到今天中国社会整体的科学素养仍然不高,科学精神仍然十分缺乏,伪科学仍然大行其道,谣言和骗局仍然十分流行。中国社会迫切需要第四次"科学启蒙"。

2016年,习近平总书记在全国科技创新大会、两院院士大会、中国科协的第九次全国代表大会("科技三会")上指出,"科技创新、科学普及是实现创新发展的两翼,要把科学普及放在与科技创新同等重要的位置。没有全民科学素质普遍提高,就难以建立起宏大的高素质创新大军,难以实现科技成果快速转化"。这在中国是首次把"科学普及"提到了前所未有的高度,吹响了中国第四次"科学启蒙"的号角。以高度重视"科学普及"为标志,这一次"科学启蒙"的深度、高度和广度都是前所未有的,必将对中国的发展产生深远的重要影响。

就是在这第四次"科学启蒙"的号角声中,我开始写这本书。我写这本书的具体目的,一方面是回答很多朋友关心的关于物理、天文和宇宙的问题,也就是传播科学知识,这方面和引进的科普书并没有太大区别,无非是内容的选取和写作的风格的个性差异。但更主要的是,我想通过天文学史简要介绍科学史,通过科学史讲述我认为的什么是科学,尤其是科学方法。我这么做的主要原因是,我认为完整的科学教育应该包括科学知识、科学史和科学方法,也就是科学教育的"三位一体"。只有完整的科学教育,才能全面实现科学启蒙的目的。然而,中国目前的科学教育基本上都只有科学知识的教育,几乎没有科学史和科学方法的教育,这些正是我在这本书里面强调的,而我的做法是用讲故事的方法,即使是讲科学知识的时候，也会通过讲故事的方法简单阐释有关的科学史和科学方法。我希望用讲故事的写作方法，提升可读性，抓住读者的心。实际上，有不少朋友告诉我，他们是一口气读完本书的，而这恰好就是我希望达到的效果。

最后，我特别需要说明的是，我的科学史观和美国物理学家温伯格的观点比较一致，都是辉格史观，这可能和现在的很多专业历史或者科学史研究者明显不同。我理解为什么历史学者认为不能用辉格史观，因为辉格史观就是用现在的价值观评判历史，但是不同人、不同时代、不同社会和文化的价值观都会变，也很难说谁对谁错，辉格史观就难以"客观"地反映历史的本来面貌，而以历史事件和人物对当时的影响评判历史，就可以避免这样的问题。然而，正像温伯格指出的，科学的价值观是不断进步的，科学对错是能够判断的，应该按照科学史上的事件和人物对科学发展的影响进行评判，因此是可以用辉格史观解读科学史的。我完全赞同。

我在"极简天文史"那一堂课把天文史总结为"人类认识宇宙的七次飞跃"，就是我的辉格史观的体现。我个人认为，很多科学家的历史观都是辉格史观，比如诺贝尔物理学奖得主杨振宁先生（我认为杨先生是当代成就最大的物理学家）在讨论《易经》以及"天人合一"对中国人的影响的时候就是用的辉格史观。我特别崇拜的贾雷德·戴蒙德是职业科学家，但是他对人类史的研究成就非凡（代表作《枪炮、病菌与钢铁：人类社会的命运》），我觉得他的历史观也有很大程度的辉格史观。其实我们很多人认为古希腊文明是西方现代文明的发源地，认为古希腊哲学是现代科学的源头，这些也都是辉格史观的体现。

不简单的科普
——《极简天文课》编辑手记

张　莉

　　"有两件事物我愈是思考愈觉神奇,心中也愈充满敬畏,那就是我头顶灿烂的星空与心中的道德法则。"千百年来,无数人如康德在仰望星空的道路上前仆后继,去深入地探索宇宙的秘密。与其他学科相比,天文领域的确有着巨大的魔力,时刻在激发着人们的好奇心和探索欲。宇宙到底是怎么来的? 有没有比宇宙更大的东西? 有没有外星人? 太阳为什么不会掉下来? 黑洞到底存不存在? 黑洞周围到底发生了什么? 人如果掉到黑洞里会发生什么? ……这些都是读者想要从天文科普图书中弄清楚的问题。市面上可以释疑解惑的大部头图书很多,我们有意想做一本有别于常规天文科普图书的小册子,重心放在公众的关注,落点在大众关心的天文发展与相关故事,如黑洞、暗物质、暗能量、引力波等。作者最好既是专业的天文工作者,又拥有丰富的科普工作经验,最好还要兼具人文素

　　张莉,科学出版社策划编辑,副编审。

养，能将复杂神秘的天文知识精彩亮相于受众面前，让大家心怀宇宙、热爱科学。

第一次知道张双南老师的名字，是 2017 年从新闻中得知他荣膺"最受媒体欢迎的科学家"，后来陆续在"知识分子"、果壳网等媒体上看到张老师的文章。后来更是在央视的"加油！向未来"栏目中看到他的身影，他作为科学顾问参与节目录制，不断回答广大观众和网友提出的"为什么"，为观众解释科学原理。

张老师长期从事科普工作，经常做科普报告，据他说自己常常在报告现场被听众提的问题拖住走不了，于是他萌生了一个想法——将大家提的问题和他的回答系统整理出来。也就有了后来在"分答""小讲"中的"极简天文课"的诞生，主要是通过文字和语音与读者进行互动，其中的很多问题非常具有代表性，也是公众普遍好奇、关注和困惑的问题。比如：黑洞到底是什么？白洞、虫洞是什么？量子纠缠又是什么？宇宙有没有边？我们会跟着宇宙一起膨胀下去吗？人能不能穿越？能不能进行时间旅行？……尤其是对一些有待验证的理论或假说，对这些问题的解答可谓众说纷纭，鱼龙混杂，即使是一些专业工作者也难免陷入似是而非的解答之中。由此可见，给出对这些问题的权威解答既具有现实意义，更是时不我待，也能阻止一些"科学谣言"的蔓延。因此，我们借此契机向张老师约稿，他允诺可以将"小讲"的内容整理出版，也就有了《极简天文课》一书的雏形。

该书的定位不是对天文知识的系统介绍，而是对天文前沿亮点的精彩点评，是以讲故事的方式进行科普。我们希望读者是怀揣着浓厚的兴趣和好奇心去读这本书的，"带着问题进去，带着答案出来"，用心去感受收获知识的快乐。如果能因此爱上天文、爱上科学，对我们来说就是更大的馈赠了。可对从事严谨严肃的科研工作的科学家来说，这种写作要求无疑是一个巨大的挑战：如何平衡权威和科普？如何平衡科普的严谨性和趣味性？这对作者的写作功力是一个极大的考验。得益于长期走到公众中做科普报告，张老师因此练就了特殊的本领，他能将风趣幽默的演讲方式和逻辑清晰的知识普及合二为一，将晦涩难懂的科学知识转化为通俗易懂的、日常生活中随处可见的事例，很多冷冰冰的知识经他合理转化与打磨，一下子变成了近在咫尺、触手可及的存在。很多人读完这本书后，感觉仿佛是在面对面聆听一位科学家声情并茂地做讲座一般。比如，在介绍哈勃定律时，他引入一个模型，就是烤面包的时候在里面放上葡萄干，面包变大的过程中，所有的葡萄干的相对距离都增加；再比如，在介绍广义相对论时，他通过一个电梯实验的具体例子进行解读，同时配以形象的图片，读者仿佛一下子拨云见日。

一本好的科普图书不仅要求内容通俗易懂，还要求图文并茂，图片同样能起到重要的支撑作用。该书初稿完成后，很多珍贵的图片我们无法获得出版授权，而如果忍痛割爱不附图片，我们觉得这是一个巨大的遗憾。幸运的是，经北京天文馆老馆长朱进老师的推荐，我们联系到了北京天文馆的马劲，他长期从事相关工作，有着相当丰富的天文科普和设计工作经验。在我们简单沟通之后，他在不到两周的时间里为该书绘制了近40幅美轮美奂的配图，在对插图的科学性和知识性进行审读修改后，书中最终收录了33幅手绘图片和近10幅获得授权的实物图，包括孪生子佯谬、超新星爆发、黑洞、引力波等图片，让读者一下子获得了非常直观的感受，为该书增色不少。在排版时，为了更完美地呈现这些图片，我们更多地选择了跨页图和出血图的形式，给读者更强烈的视觉冲击。

与其他科普图书相比，天文科普图书的封面普遍更具有视觉冲击力，这点从市面上的天文科普图书封面中可窥见一斑。那么，我们的图书如何才能从众多天文科普图书中脱颖而出吸引读者的眼球呢？经过和美术编辑的沟通，我们最终决定将"极简"之风贯彻到底，选取了一幅极简风格的黑洞照片作为主视觉元素。2021 年 3 月 24 日，曾成功捕获首张黑洞照片的事件视界望远镜(event horizon telescope, EHT)合作组织公布了黑洞在偏振光中的珍贵影像资料，为揭秘超大质量黑洞提供了一个新的视角，不仅在黑洞首次成像的基础上提高了清晰度，同时发现黑洞周围有一个密度较小、厚度更大的"蓬松"环。这个有关黑洞的影像和我们的封面用图十分相像，以至于作者张双南老师事后多次发出"难道出版社的美术编辑未卜先知"的感慨。该书在版面设计过程中的一段小插曲，也成就了它在众多耀眼的封面中脱颖而出。

科普是连接科技工作者和大众之间的桥梁，科普图书不应仅是知识的普及，更应是科学精神的传播。这也是我们在策划之初，希望该书能达到的高度。天文科普图书的受众好奇心和探索欲更为强烈，保护和激发这种珍贵的好奇心与探索欲，是我们策划的初衷，也是努力的方向。美籍数学物理学家弗里曼·戴森将科学家分为两类：一类是鸟类科学家，另一类是青蛙科学家。前者鸟瞰整个世界，但对细节关注不多；后者并不知道这个世界有多大，但将其附近看得非常清楚。鸟类科学家的成功建立在无数青蛙科学家的努力之上。张双南老师说自己"是从鸟的雄心开始，大部分时候在做青蛙的工作""科学家是信念的产物；我为这个理想活着，是值得的"。科学家对科学的热爱和赤诚，同样可以在该书中捕捉到。书中除了对受众感兴趣的话题进行了回答外，我们更注重在书中注入一股无形的力量。正因如此，读者在读这本书的过程中，会感受到仿佛有一条无形的线贯穿始终，将科技史、科学精神和科学方法等串联起来，关键节点的人物、事件、重大突破等将人物和故事有技巧地糅合在一起，以故事带出人，让图书增加了"人气"，从而深刻感受到科学不是冷冰冰的知识，科学家也不是神秘莫测和高不可攀的，而是近在咫尺和你我一样，为了人类的幸福而奋斗的人,他们都在以赤诚之心追问宇宙起源,也正因此,读者在阅读的过程中,会无数次地获得共鸣,更加关心人类,守望未来。

该书获得中国科学院院士、中国科普作家协会理事长周忠和,中国科学院大学教授、中国科学技术史学会理事长孙小淳,清华大学教授、科学史系创系主任吴国盛,北京天文馆原馆长、研究员、《天文爱好者》主编朱进的联袂推荐。出版后受到广大读者的欢迎。在宣发方面,我们先是联合果壳网进行了新书宣发,同时在北京天文馆杂志《天文爱好者》上刊发新书宣传,邀请北京天文馆科研人员撰写文章刊发在《牛顿科学世界》。2023 年,我们在北京图书大厦举办了"30 人×30 书科普阅读分享会",为广大受众输出了一场精彩的天文科普讲座。

宇宙无限,信使有痕。该书荣获第七届"中国科普作家协会优秀科普作品奖"银奖、2023 年"首都科普好书",这是对该书最好的回馈。

关于天文前沿亮点的那些事儿
——读《极简天文课》*

邵珍珍

人类对宇宙的好奇是与生俱来的,对宇宙的思考研究可以说是自然科学和哲学的终极目标。毕竟宇宙的命运与人类的命运是密不可分的。如果你还保有童年的好奇心,对神秘的宇宙充满求知欲,如果你想了解现在宇宙研究的热点,对"黑洞""暗物质和暗能量""引力波""宇宙大爆炸"等名词一知半解,那么,张双南教授撰写的这本《极简天文课》,将会回答你以上关于宇宙的所有疑问。

张双南是我国著名的天体物理学家、中科院高能物理所研究员、中国科学院大学教授,目前担任"天宫二号"空间实验室伽马暴偏振实验、慧眼X射线天文卫星,以及中国载人航天工程空间天文与天体物理研究领域专家组首席科学家。

---

* 科学世界,2021(6):128.

邵珍珍,北京天文馆科学研究部助理研究员。

我曾有幸多次现场聆听张双南的科研报告和科普讲座,对张教授一直十分钦佩,不仅因为其在专业的天文研究领域引人瞩目的成就,更因为其在科普活动中幽默风趣的演讲方式和逻辑清晰的知识普及。他可以一下子抓住知识点的本质,把晦涩难懂的物理术语转化为通俗易懂的生活示例,知识表述严谨,讲述逻辑缜密,报告高潮迭起,跟着他会不知不觉地完成一趟愉悦的知识之旅。

这本书不是对天文知识的系统介绍,而是对天文前沿亮点的精彩点评。作者用讲故事和问答的方式,介绍了人类认识宇宙的数次飞跃、天文学与科学研究的关系方法、科学与传统文化的关系,以及天文爱好者和公众最关心的天文主题和最新进展。从吞噬万物的黑洞到大众几乎一无所知的暗物质、暗能量,从近几年第一次探测到、因获诺贝尔物理学奖而大热的引力波到研究宇宙诞生、现在和未来的大爆炸理论,从大众极其关注的科幻作品中的星际穿越、多重宇宙到外星文明是否存在……这些天文研究中的热门主题,在本书中都有深入浅出、引人入胜的讲述。

作者在讲天文知识时,是从知识点的起源讲起,侧重天文学家提出这些概念的背景、研究的过程以及涉及的诸多天文学家的科研故事。如在讲述引力波时,他通过爱因斯坦、韦伯、费曼、索恩、韦斯、德雷弗、巴里等天文学家的研究串联起引力波的故事,讲述了引力波探测背后的艰难与荣耀。这样,"引力波"三个字不再仅仅是一个概念,不再是冷冰冰的数字与公式,而是许许多多的天文学家为了科学研究和兴趣信仰的执着与付出。

这本书给我印象最深的,除了上述诸多的天文亮点之外,还有作者对于科学与技术关系的思考。这种思考一直贯穿本书,从普京问"暗能量有用吗?"到大众问"引力波有什么用?",他一直在强调并回答"科学有什么用"这一问题。我很喜欢张教授在这本书中的一段话:"就像一百年前物理学家研究相对论和量子力学的时候，没有人知道这些理论对我们有什么用一样。今天我们也不知道引力波对我们有什么用。但是相对论和量子力学建立后一百年，我们的现代科技和日常生活都已经离不开根据相对论和量子力学的原理所发展出的日新月异的技术了。"

"从半导体到超级计算机，从核能到 GPS，从医学诊断设备到量子通信，无不是如此。一百年后，谁知道引力波的研究会带给我们什么呢？科学研究的重要性，就在于能够带给人类意想不到的惊喜，其回报总是无数倍于其投资。"

本书采用问答叙事式的讲述方式，以故事串联，就像在跟读者进行面对面的交流，非常有代入感，适合对科学、宇宙、未来有兴趣的大众阅读。作者在书中关于科学精神、科学方法、科学与技术及传统文化的思考，更值得我们细细揣摩。

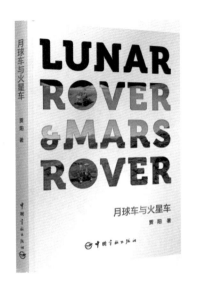

书名:《月球车与火星车》

作者:贾阳　著

出版时间:2021 年 5 月

出版社:中国宇航出版社

所获奖项:

第七届"中国科普作家协会优秀科普作品奖"金奖

《月球车与火星车》由中国空间技术研究院研究员,嫦娥三号探测器及嫦娥四号探测器、火星探测器副总设计师贾阳撰写。该书以研发者的视角,介绍了月球车、火星车的设计特点、工作特色、探测任务看点等知识点,同时穿插着科技工作者们或感人或有趣或具有启发性的小故事。书中的所有文章相对独立,篇幅有长有短,符合青年读者的阅读习惯,能够很好地激发读者阅读兴趣,对科学技术普及具有重要促进作用。

逐天际之梦，播探索之种

——《月球车与火星车》创作手记

贾　阳

　　《月球车与火星车》这本科普书我写了很长时间，从"玉兔一号"月球车发射之后有些闲暇开始，一直写到了火星车发射之前，历时六年。期间续少断多，但是我从来没有打消把我国月球车、火星车的相关知识，以及研制背后的故事写下来的想法。

　　我多次讲科学普及工作胜造七级浮屠，一直认为科学技术的普及工作十分有意义，关乎项目的未来、事业的未来，甚至国家的未来。

　　这是一本什么书呢？月球车、火星车是一类很特殊的航天器。在神秘的星球表面上，人类的探测车勇往直前，吸引了很多关注的目光。它们是怎样被设计出来的，有哪些特殊的本领，背后又有哪些感人的故事，这些就是本书的全部内容。

　　这是一本给谁看的书？写作的过程中，我内心设定的读者是高中生

贾阳，航天工程师。北京空间飞行器总体设计部研究员，副总设计师。

和大学生。如果你对物理感兴趣,对航天、天文感兴趣,或者对美感兴趣,大致可以在书中找到一点喜欢的东西。

一、写作初心

我出生在一个典型的东北小县城,小学二年级的时候买了一本书名是《太阳系》的科普书。书中提到了光年,当我理解迅速无比的光走一年的距离被天文学家作为丈量星星之间距离的尺子时,我被宇宙的广袤震撼了。

小学时,我把能接触到的天文、航天、科幻书都看了,特别喜欢,于是立志要当科学家。别奇怪,那是一个理科好的孩子多想当科学家,文科好的孩子多想当诗人的年代。那时候的青春偶像只有陈景润和顾城,还没轮到歌星和影星登场。

初中时,我在报纸上发表了一篇关于哈雷彗星的科普文章,满足了一下虚荣心,强化了我的未来职业规划,不过那时候不叫规划而是称作理想。高考成绩还好,我选的学校和专业都够得着。后来就在读研的航天单位工作,参加过飞船的系统试验,负责了月球车和火星车的系统设计,到今天工作了 28 个年头。

曾有人问我,这个工作感觉怎么样,我回答说:金不换。我的体会是,青年时候有梦想,成长过程中有机会、有能力把握前进的方向,最后把梦想与工作结合起来,此人生之幸事也!"玉兔二号"月球车在月球背面工作三个月的时候,我在微信中写道:"有一种东西叫作工作,有一种东西叫作事业,有一种东西叫作兴趣,有一种东西叫作情怀。"说的也是这层意思。

正是因为自己的成长受到了科普书的影响,当我在科研工作忙碌一段时间之后有点闲心,自然产生了把熟悉的月球车和火星车的相关知识介绍给广大青年朋友的愿望,希望自己也能够成为这薪火相传中的一环。

二、天文与航天题材科普具有天然的优势

文明之光刚刚出现的时候,人类就像一个好奇的孩子,观察着世间万物。日月星辰的升落隐现,自然界的暑往寒来,植物的盛衰荣枯,动物的繁衍生息,种种现象的背后似乎有着某种关联。

日出而作,日落而息,人类规律的生活和太阳的运动建立起了联系。月亮的盈亏周而复始,与人类夜间的活动又密切相关。当一颗红色恒星黄昏时出现在东南天空,则预示着夏天的到来。天上的星星就这样指引着地上的人们。

技术逐渐进步,人类的生存空间渐渐扩大,从陆地到海洋,从航空到航天,人类认识宇宙的能力也在逐渐发展。丹麦天文学家第谷在望远镜发明之前就对星空进行了最精确的观测,伽利略则把望远镜对准了月亮、木星、土星……然而从地面上观察天空只是人类认识宇宙的第一步。人类这个好奇的孩子从未停下过探索的脚步。

进入航天时代后,科技的飞速发展使人类能够更近距离地开展探测。人类的探测器到达了月球、金星、火星等星球,加深了对太阳系的认知。不仅实现了近距离飞掠、环绕,还能派出着陆器和巡视器,着陆在星球表面,再开展巡视探测,中国的月球车和火星车按照人类的指令探索着宇宙的奥秘,还成功将月球的土壤样品带回到地球实验室,让科学家能够用先进的仪器设备仔细研究。

人类的航天活动是青少年关注科技发展的重要窗口。我国"嫦娥工程""天问一号"火星探测任务的实施,以及航天员一次次进入太空,吸引了世界的目光,青少年也从来自苍穹的一幅幅图片中感受到了祖国的发展,以及科技的魅力,因此开展航天、天文相关教育活动,具有良好的实践

基础。

探测器的设计与研发是一个漫长的过程，从组建研发团队到踏上月球、火星，研制团队克服了许多困难，航天人从事这份事业的初衷也许是源于好奇心，但真正让航天事业走向成功的，是航天人坚韧的精神和无私的奉献。

把天文与航天知识，以及航天人面朝星辰大海、一往无前的精神介绍出来，是我的心愿。每个人的孩提时代都曾经向往广袤的宇宙，这是天文与航天题材科普作品的最底层的读者基础。

三、呼唤更多形式多样的航天科普作品

航天科普是科学与技术普及的重要组成部分，神秘的星空在远古时就吸引了人类先民的关注，顾炎武讲"三代以上，人人皆知天文"，说明了天文与早期人类活动之间的密切关系。随着技术的发展，普通民众不再需要根据星空的变化了解季节时令、决定耕作的时间，城市的光污染甚至导致很多人长时间没有关注过星空。重新唤起对宇宙之美的关注，有利于激发青少年的好奇心，增强其求知欲。

随着我国航天技术的迅速发展，诸多重大航天任务成功实施，相关的科普实践也取得了实效。例如：航天员王亚平在太空讲授了微重力条件下物体运动规律等内容的课程，众多中小学生收听了该课程；南京青奥会吉祥物的相关图片信息被送至月球背面的"嫦娥四号"着陆器；冬季奥运会的吉祥物"冰墩墩"和"雪容融"出现在火星着陆平台上；众多青少年参加了"玉兔号"月球车、"祝融号"火星车等航天器征名活动……这些活动都是在吸引公众关注航天。

以已经取得的科普工作经验为基础，结合我国重大科技工程项目，在公众中，特别是在青少年中开展喜闻乐见的科普活动值得认真研究，重大

航天任务的实施,更是深入开展青少年科普活动的重要契机。

在科研工作之余,我组织并参与了大量的科普活动,包括到大中小学讲授航天的基本知识,介绍月球车、火星车研制背后的故事,还曾经录制视频,扩大受众范围。十几年的科普实践中,收到过正反馈,也收到过负反馈。

有一次,我在一所大学做国际空间周的主题演讲,结束之后,有个大学生跑过来和我握手。她介绍说,就是在七年之前听了我在太谷中学的科普讲座之后,决定报考航天相关的专业,现在已经是硕士研究生了。她的这几句话后来成为我继续努力做好科普工作的莫大动力。当时最大的感受是,科普工作就是为了让孩子们的眼睛更加明亮。

当然也有一次,讲座之后回答问题阶段,一位同学举手问:"老师,别说您说的这些我听不懂,就是听懂了,有啥用?"我当时愣在那里,好长时间没有想出来怎么回答好。这件事情对我的触动同样很大。

后来,我一直努力探索用青少年更喜闻乐见的形式传播航天知识,还有航天工程师解决问题的思路、方法,以及航天人身上所体现出来的航天精神。我逐渐认识到,在互联网发达的时代,介绍明白几个知识点没有那么重要,让同学们产生进一步了解航天、了解科学的内在动力更加重要;而且,吸引青少年朋友的关注变得更加困难了,需要热心的科普人,动更多脑筋,想出更多的有效办法。

四、科普作品创作中的探索

在创作这本科普书的时候,我至少在以下几个方面进行了探索:

第一,这是一本一线科研人员创作的作品。我是"玉兔号"月球车和"祝融号"火星车的系统设计师,更了解研制过程中的艰难,更知晓设计过程中的细节考量,能够保证科普过程中知识点介绍得准确、生动。书中不但介绍了月球车与火星车最后的设计结果,还详细介绍了设计过程,特别是设计过程中走过的弯路,这在科普书中是不多见的。

第二,目标定位准确,通俗易懂。这本书中用到的公式不超过 3 个,我努力把技术内容用通俗易懂的语言表达出来,不设置太高的门槛以及过多的先修知识点,在亲切的氛围下娓娓道来,降低与读者之间的距离感,凡是我的孩子读着有困难的文字,都进行了改写,有的改写就是请孩子完成的。

第三,使用了大量精美的插图。这些图片有研制过程中的设计手稿,有探测器试验时的现场图片,有探测器在月球和火星工作时候拍摄的图片,也有计算机绘制的精美天象想象图,还有的是颇有创意的摄影作品。即使是说明某个科学道理的插图,也没有使用网上的资源,而是重新绘制,在插图中把科学性和艺术性结合起来。书中的很多精美插图,以及广受好评的封面,都是一位年轻的平面设计师的作品。我们两个人通过网络合作两年,完成了这些作品,都在北京,竟未谋面,也算是一段忘年佳话。

第四,将科技与文化有机结合。我业余爱好诗词,偶尔动笔小试,这些与研制过程紧密结合的抒怀,同样成为这本书的特点,希望读者能够在古典文化与现代科技结合之美中,产生一点点共鸣。

第五,与学科建立联系。在创作过程中针对目标受众的年龄,与其对应的课标内容,我试图将航天器设计过程中应用到的知识和技术与学科教育内容联系起来,增加亲切感,同时也在说明学习的内容与应用之间的关系,回答"学习有什么用"这个大问题。比如,月球车外场试验时为了实现低重力模拟而使用的氦气球,就是一道标准的初三化学题;再比如,对比人体含有很多种化学元素,月球车也是由 40 种化学元素组成的,同样是有的元素含量多,有的元素含量少,这些元素同样是不可或缺的。

第六，探索宣传航天精神的新思路。书中外场试验等章节介绍了在无人区中，航天工程师如何克服困难，完成试验，但是没有强调艰苦的自然环境，而是通过试验过程中的生活趣事，间接地传递出工程师们的乐观豁达，在润物细无声中弘扬航天精神。重点不是强调科研过程有多么的辛苦，重点是讲述在"深空"道路上行走所体会到的快乐。

当然，对一线科研人员而言，写本科普书并不容易，写本好书尤其难。包括时间、图片使用权、出版费用等都是需要克服的困难，需要解决的问题。好在这些困难只要用心、尽力都能解决。于是，就有了《月球车与火星车》这本书。

中国航天风采的生动书写与浪漫情怀

——评《月球车与火星车》*

武 丹

  《月球车与火星车》是一本优秀的科普图书。用作者自己的话概括："月球车、火星车是一类很特殊的航天器,在神秘的星球表面上,人类的星球车勇往直前,吸引了很多关注的目光。它们是怎样被设计出来的? 有哪些特殊的本领? 背后又有哪些感人的故事? 这些就是本书的全部内容。"作为"嫦娥三号""嫦娥四号"探测器和"天问一号"火星探测器副总设计师,贾阳亲自执笔为我们讲述了月球车与火星车的诞生过程以及背后鲜为人知的故事,因此,本书无论是在知识的权威性、材料的直接性和丰富性,还是故事的真实性上,都具有无可比拟的优势。

  如果一本关于描述尖端科技的科普图书只有对技术的解读,似乎会让大多数读者(尤其是青少年群体)有种冰冷的距离感。但当笔触延伸到

* 科普创作评论,2022,2(04):76 - 80.

  武丹,中国科普研究所副研究员。

人的时候,技术不再只是工具,文字就有了温度。《月球车与火星车》一书就很好地诠释了这一点。作者不仅在多篇文章的叙述中体现人的思想、智慧和科学精神,还在书中特意穿插了几篇文章专门描述科研背后的故事,《漫漫大漠深处幽幽探月真情》《外场散记》《玉兔背后的故事》等,虽然篇幅不多,却把中国航天人吃苦耐劳、不怕困难、勇于挑战的乐观精神及科技工作者们的浪漫情怀展现得淋漓尽致。

一、攻坚克难、苦中作乐的乐观主义精神

中国的航天事业能从筚路蓝缕走到今日的辉煌,离不开近70年来一代又一代航天人的不懈努力和艰苦奋斗。钱学森、任新民、屠守锷、孙家栋、欧阳自远等许多的科学家们,都为此奉献了毕生的精力。如今的年轻一代科技工作者们,依然践行着航天精神,在科研前线上自力更生、艰苦奋斗、自主创新、勇攀高峰,一步一个脚印地实现着中国航天人的梦想。

在月面巡视探测器(月球车)的外场试验中,这种精神表现得尤为突出。由于我国是第一次研制巡视器,为确保完成任务,需要开展多项地面试验,外场试验是最重要的项目之一。通过作者在《漫漫大漠深处幽幽探月真情》和《外场散记》中的描述,我们可以看到西北大漠深处恶劣的环境给试验带来一个接一个的困难:铲平沙丘、抽取地下盐碱水修路,搭建能经受10级大风考验的帐篷,连续工作、完成需要测试的所有内容……一个多月的时间里,试验队员们不仅要克服沙暴、寒冷等气候剧烈变化带来的工作上的困难,还要对抗沙漠生活的枯燥单调和衣食住行的诸多不便。即便如此,他们依旧能苦中作乐,不仅很好地完成了试验任务,还把业余生活过得丰富多彩、有滋有味——安装卫星电视,编制了解周围环境的墙报,夜晚观星望月,举办摄影、自驾游讲座,听当地向导讲罗布泊的故事,组织双升扑克和摄影比赛等。有人每天工作到半夜,只能通过北极星建

立外场方向基准,被大家戏称为"白天忙得找不到北,晚上只好继续加班找北"。可以说,自信、乐观的氛围一直充斥在这些科技工作者的工作和生活之中,贾阳也通过文字将航天人的精神传递给每一位读者。

二、无处不在的浪漫

现实生活中,很多科学家都拥有浪漫的情怀,贾阳也是其中一员。在这本书中,作者和伙伴们的浪漫可谓无处不在,给人留下了十分深刻的印象。月球车和火星车的命名,"玉兔一号""玉兔二号""祝融号",均由中国古代传说而来。秉持着要把火星车设计得很美的想法,"祝融号"做成了漂亮的蓝闪蝶形状。其印章"额头"及"中"字车辙等独特符号的巧妙设计,渗透着中华五千年的文明和智慧;外场试验给营地取名"望舒村",典故出自《楚辞·离骚》中的"前望舒使先驱兮,后飞廉使奔属",而他们也以现代为月亮造车、驾车的人自许,不仅生动贴切,还透露着浓浓的浪漫和文化气息。就连书中很多场景图片的名字都充满人文情感,例如"嫦娥四号"发射后发动机制动一刻的定格叫作"君自故乡来",想表达的是月球正面的"嫦娥三号"和"玉兔一号"历经五年的等待终于迎来亲人的感觉;当"玉兔一号"月球车出现故障时,图片也以拟人的手法被命名为"有人在吗",似乎在向人类寻求帮助。

作者也擅长用诗词表达情感。"玉兔一号"发射准备完成后,他写下一首《虹湾情》抒发自己的万千思绪:"那是天上一弯淡淡的虹/在清凉的月盘上静静地等/沧海桑田斗转时空/淅沥星雨绵绵的风/……/那是心中一段未了的情/我们的孩子即将出征/稳健的脚步刚健的筋骨/银色的战袍明亮的眼睛。"通过这首诗可以感受到,航天科技人将每一个成果都视作自己深爱的孩子,当孩子终于可以出征时,他们是那样的激动、欣慰。在"天问一号"发射前 100 天,作者赴文昌做最后的准备时,他又写下"龙楼镇外紫贝东/不是将军是书生/百尺箭、万钧弓/云霄欲上第五重……",表达了他要把这件事做成、做好的决心。"嫦娥四号"发射前,看到火星合月的天象,他拍下照片,配上文字"客夜火星合月/细看广寒神仙/未见姮娥翩跹舞/待嫁月背羞见人";"嫦娥四号"月面软着陆前,他又难以入眠,写下"下弦更比上弦早/娥眉新月近黄昏",这句诗巧妙地将科学内容融入诗句之中,把"玉兔二号"月球车的工作时段与阴阳历月相之间的关系准确地表达了出来。谁能说这不是一种浪漫? 谁又能不为这种浪漫而感动呢?

三、科学家的科普情怀

科学家们不仅在自己的研究领域努力奉献他们的才华和智慧,他们中还有很多人也具有科普情怀,积极投身科普工作,努力为更多人打开科学的大门。本书作者贾阳就是其中的代表。他是北京空间飞行器总体设计部研究员,长期从事航天器系统设计、系统验证工作,以及任务规划、遥操作、热控制技术等方面的研究工作。除了出色地完成本职工作外,他作为一名科普爱好者,总是身体力行,办讲座、录节目、做直播,倾情投入做科普,而且还不遗余力地创新科普形式,曾用扮演"火星奥运会"国际奥委会主席的方式向听众介绍与地球完全不同的火星,激发人们的兴趣。出版科普图书也是其众多科普形式中的一种。《月球车与火星车》一书不仅展示出奔月探火整个过程中的重要内容,揭开了尖端技术的神秘面纱,以及航天人的精神和情怀,同时也通过比照等多种方式反映了科技的进步,并遵循科学思想,展望未来航天事业的发展前景。

除了本书作者,还有许多知名的科学家们也常年在科普领域默默耕耘着,如欧阳自远院士、刘嘉麒院士、火箭专家钱航等,为我国的科学普及作出了很大的贡献。对于科普创作,尤其是前沿科学的科普来说,战斗在一线的科技工作者们掌握着大量的一手资料,了解不为人知的科学探索故事,与不具有相关背景的创作者及其作品相比,他们的创作素材更丰富,作品的科学性更有保障。本书作者贾阳为我们提供了一个很好的范例,期待越来越多的科技工作者能够投身科普之中,共同为弘扬科学精神,培育科技创新力量而努力。

离开摇篮，驶向星际
——读《月球车与火星车》

猛　犸

如果说进入太空是人类文明迈向未知的第一步，那么探索其他星球就无疑是第二步。考虑到太空的严酷环境，要探索月球和其他地外行星，得先派个先锋。

该派谁？怎么派？这些先锋有什么故事？在这本《月球车与火星车》里，贾阳博士娓娓道来。

贾阳是北京空间飞行器总体设计部研究员、"嫦娥三号""嫦娥四号"探测器副总设计师、中国航天科技集团五院"天问一号"火星探测器副总设计师，可能是最熟悉这些地外先锋的人之一。他带领航天科研人员，花了十八年时间设计制造了三辆小车，第一辆车被送上了月球正面；第二辆车被送到了月球背面；第三辆车跑得更远，被送到了 3.2 亿千米之外的火星。

猛犸，科学作者、译者。

在他写的这本《月球车与火星车》里,不仅详细介绍了这些中国空间探测的重要里程碑,还探讨了不少其他话题:从月球车地面实验的选址与实验过程,到火星土壤的模拟,再到如何为火星车设计一个既好看又有意义的车标,从科普到科幻,44 篇文章看得人不忍释卷。

这本书分为三大部分:月球车、火星车,以及回顾与展望。在月球车部分,作者写了在地球上如何模拟月球土壤,月球车地面外场实验的细节,月球车取得的科学探测成果,月球车的关键技术和研发历程;在火星车部分,写了火星车的减重实验,太阳能电池板如何除尘,模拟火星土壤,火星车的设计过程和设计细节,甚至是图像压缩的算法;在回顾与展望部分,写了深空探测器技术体系,星球车的关键技术,火星改造设想等,还附送了航天天文主题旅游景点推介和短篇科幻小说。作者平实精准的笔触,带我们走进研究人员的工作和生活,带我们走进月球车和火星车的研发现场,又带我们进入太空,降落月球和火星,与"玉兔一号""玉兔二号"和"祝融号"一起睁开懵懂的眼睛,面对全新的世界。

一线专家写科普,才是最好看的。本书并不讨论什么宏大命题,而是一篇篇充满细节、质朴和务实的记录。这些细节,不仅生动地还原了科研过程中一个个看似琐碎但至关重要的环节,而且展示出研究团队在面对挑战时,如何以坚定的信念和执着的精神将其一一克服。每一个细节,都是对航天精神的最好诠释;每一次困境,都是对坚持和勇气的考验。

这本书讲的,就是这个庞大故事中的一些片段。这些具体的片段和细节,让这本书活了起来。

我从小就喜欢科幻作品。从《银河英雄传说》到《星球大战》,从《星际迷航》到《萤火虫》,都给我留下一种印象:太空探险似乎是一件异常浪漫和有趣的事情,太空旅行是大开大阖的轻松旅程,主人公开着像是破卡车的飞船就能通行无阻。

　　显然，这样的设定对凸显主人公的英雄形象会有帮助，但这本书告诉我，实际的太空探险远非如此。真正的深空探索是辗转腾挪的一系列努力，每一步都如履薄冰。在月球和火星的恶劣环境中，每一个细微的问题都可能带来灾难性的后果。因此，研究人员不得不采取极为谨慎的态度，每一步都如履薄冰。

　　目前，人类的太空旅行还只是在地球周边蹒跚学步，而即便如此，我们依然小心翼翼。就像作者说的那样：不妨试想一下，珠峰的生存环境对于人类而言比火星的生存环境好很多，但是当前人类想在珠峰长期生存都尚遥不可及，何况火星？

　　能大开大阖只是太空歌剧，真实的太空工作是慎之又慎的。这些地外天体探测器的设计和实现，在作者的眼中是强约束下的目标优化问题：恶劣的环境、巨大的技术跨度、复杂的工作模式和严格的资源约束，每一个都是连绵的高山，等待被逐一跨越。但无论多么艰难，作者和他的团队始终以务实的态度和坚定的信念来直面问题。在看这本书的时候，我总是会想起那部主角在火星上种土豆的电影《火星救援》——被落在火星上的主角碰到一个个生死攸关的问题，然后靠自己的智慧和知识一个个解决。主角喜欢说："让我们来算一下。"这本书记录的也是类似的状况：一次次的反复计算，一次次的细致模拟，一点点"锱铢必较"的改进，最终才能带来一次次成功。

　　几十年来，人类在如蓝色微尘的小小星球上，以其渺小的身躯，向宇宙提出了无数问题和挑战。宇宙太严厉，我们还太弱小。但是，人类并不会一直弱小下去。在面对艰难险阻的时候，我们依然可以继续努力，去做那些具体的事情。就像这本书展示的那样，没有口号，没有抒情，有的只是逢山开路遇水搭桥的一个个问题和一次次解决。

　　"很难说有什么办不到的事情，因为昨天的梦想，可以是今天的希望，而且还可以成为明天的现实。"这是美国火箭之父罗伯特·哈金斯·戈达德的名言,同样也反映在中国航天人身上。中国的航天人用 17 年的时间完成了"三步走"战略,让中国进入能够从月球返回地球的深空探测先进国家行列,并将全面推进探月工程四期。中国探月工程总设计师吴伟仁说:"在 2028 年左右,月球科研站的基本型就能建起来,届时我们会解决在月球生活的能源、交通、通信、生命保障问题。2030 年之前,中国人的脚印肯定会踏在月球上,这是没问题的。"

那将会是伟大的一步。而这本《月球车与火星车》提醒我们,在追求伟大目标的过程中,每一个看似微不足道的细节都可能是决定成功与否的关键。第一辆月球车从 2006 年第一辆原理样机,到 2013 年底在月球上开始巡视探测,背后是被逐一解决的无数问题和困难。每一个细节、每一次失败、每一次修正,都在扩展着人类文明的边界。

最终,我们将会迈出地球。就像物理学家斯蒂芬·霍金所说:"将我们的注意力局限在地球事务上,是在限制人类的精神。"迈出地球,需要一代又一代人的努力。尽管目前我们还在宇宙的门槛里蹒跚学步,但正是在小步积累之下,人类在未来才能够向太空昂首阔步。

这本书页数不多,但是沉甸甸的。这是一本智慧与勇气的结晶,展示了人类的努力与雄心。正如航天之父齐奥尔科夫斯基所说:"地球是人类的摇篮,但人类不能永远生活在摇篮里。"

书名:《月球旅店》

作者:吴季 著

出版时间:2021 年 8 月

出版社:科学出版社

所获奖项:

第六届"中国科普作家协会优秀科普作品奖"金奖

与大多数科幻小说通常描写距今几百年后的虚幻世界不同,《月球旅店》通过 20 至 25 年后前往月球旅店的构思设计与融资过程两条故事线,展现了前往月球旅游对游客的独特吸引力和实现这个愿景接近真实的技术途径和可行性。书中展现了月球旅游的详细过程,可以说是一部现实版的月球载人飞行工程手册,大量真实严谨的技术细节令读者在阅读过程中,不由自主地将自己带入游客和设计师的角色中,亲身体验月球旅游和设计这个宏大工程的真实与震撼。

太空带给人类的启示
——我写《月球旅店》的初衷和一点心得

吴　季

这两天在看一本《普通宇航员》，是美国宇航员克莱顿·安德森 2017 年写的一本回忆录。引言中的第一句话就打动了我，"巨大的火箭穿透纸一般的大气层，点燃巨大而纯净的爆炸性燃料，从空中俯瞰我们的脆弱而美丽的家园——地球"。他把大气层形容为像纸一般薄，是我一直想从宇航员口中听到的。我总是想听听他们如何来形容大气层。从太空中，大气层外看我们的地球已经有很多文字的描述。这里我再次感受到他们的心情。他不但用了"纸"来形容大气层，还用了"脆弱"来形容我们的地球家园。

当一名宇航员经过层层筛选，成为国家载人航天任务的执行者之后，他在太空中就是一个执行任务的战士，他返回后就是人们心中的航天英雄。但同时，他也是一个普通人，同我们一样充满人的感情，对地球家园

吴季，中国科学院国家空间科学中心研究员，中国空间科学学会理事长。

也一定会有作为普通人的思考和感受。可惜的是,我们见到的关于这方面的文字,特别是来自我们国家的航天员的文字不多。他们都在忙于执行任务,就像第一个进入太空的苏联宇航员加加林一样,在所有关于他的采访中,我们只看到一句话是关于他俯瞰地球的,他说:"这里太美了,我几乎什么都可以看到!"

我曾把这些感悟称为太空带给人类的第一次启示。因为这是人所处的环境变化后所感受到的,从地球表面来到了太空,从两维的空间进入第三维,可以俯瞰两维平面上的地球和思考人类社会。根据达尔文的进化论,环境的变化必然会影响生物乃至人类的发展走向。与人类文明进化总是伴随着人类科技的发展一样,航天科技也必将会对人类文明进程产生影响。可惜的是,迄今为止,只有 600 多人能够亲眼俯瞰地球,直接感受到太空带给人类的启示,其中能够充分表述这个启示的人就更少了。

但是,随着新航天的发展,如果太空旅游发展起来了,这个情况就不一样了。首先,旅游者不是飞行任务团队成员,他们在太空的大部分时间都处于可以思考和体验环境变化的过程中,因此他们会有更多的感悟。特别是,作为普通人,而不是经受过专门训练的宇航员,他们对从太空中俯瞰地球,会产生更朴素和直接的感受。伴随着进入太空成本的降低,到太空去旅游的人会越来越多,会有哲学家、文学家、艺术家以及社会学家等,他们也许会更深刻地将太空带给人类的启示传递给我们,对人类观念和文明进程带来更大的影响。

如果我们能走得更远一点,来到月球轨道,我们眼前的地球将是一个完整的行星。但是到目前为止,曾经进入过月球轨道,从那么远的距离回望地球的人就更少了,只有 24 个人。在他们之中,"阿波罗 8 号"的宇航员是第一次从那个距离看到地球的人类。他们原本是为了探测月球而来,但实际上他们发现的竟是地球本身。在他们拍摄的那张著名的、后来被称为"地出"的彩色照片中,地球是一颗蓝色的星球,上面飘浮着白云,背景是黑色的宇宙,照片下面是数亿年亘古未变的灰色月球表面。地球在那里显得那么美丽和充满生机。我曾经亲自和三名"阿波罗"宇航员交谈过,他们对从月球回望地球的印象都非常深刻。从那个距离看地球,看不到任何国家之间的边界,也听不到任何争吵,地球在那里慢慢地旋转,没有任何纷争。我把从那个更远的距离回望地球的感受,称为太空带给人类的第二次启示。然而,50年过去了,这一切正在被人们忘却。1999年,美国为了推动重返月球计划,曾经做过一次民意调查。结果发现有大约10%的人,特别是年轻人,已经不相信"阿波罗计划"的真实性了,他们认为那只是一个阴谋论。

从2017年底,我开始思考这些问题,包括:为什么人类登月50年后,仍然停留在大约400千米高的近地球轨道上,而没有向更远的深空迈出半步?自加加林开始,人类走出地球已经60多年了,人类的航天事业能将人类带向更远的深空吗?第一名登上月球的阿波罗宇航员阿姆斯特朗曾说过,"这是我的一小步,但是人类的一大步"。是这样吗?这话还算数吗?我的理解是,人类的一大步,应该是大批的人可以来往于地球和太空之间,这里强调是大批的人,而不仅仅是少数航天员、宇航员。一旦每年有成千上万的人来往于太空,甚至月球和地球之间,人类的观念会发生什么样的变化?当我确信已经找到了这些问题的答案之后,我就产生了一定要把它表达出来的冲动。

那么,采取什么形式来表达最好呢?一般来说有三种形式。第一种,就是写一篇论文或论述性质的短文,给政府主管部门提出建议;第二种,就是用科普专著的形式,这样可以详尽地表达观点,从历史到现实,从文明和技术的发展的关系来论述,说明人类走向太空的重要性,但是专著的受众范围较窄;第三种,就是通过文学作品,写关于未来的科幻小说。这第三种形式不但受众面大,而且可以面向青少年读者,在他们心中种下一颗走向太空的种子。尽管第一、第二种形式很重要(实际上在《月球旅店》出版后我也都做了)。但是,对于第三种形式,因为它面向更广泛的大众,特别是青少年,是我无论如何不能放弃的。这就是《月球旅店》最主要的创作动机。

要想告诉大家过了50年重返月球从技术上是完全可以实现的,我必须实打实地做一些具体的设想和计算。也许我太过于重视硬核的科技内容,《月球旅店》出版后,有些读者反映内容太硬,甚至有点儿像项目建议书。我想这都是由于我太想把它的可行性说清楚了,因此不想忽略任何可能会给大家带来疑问的地方,以至于连月球旅游公司融资的过程都写了进去。对于一个从事航天工作多年的人来讲,这些硬核的内容对我来说并不十分困难。反而,如果其中忽略了某些可能会让人质疑其可行性的内容,我倒是觉得不能容忍。因此,我自己也觉得我不是在写科幻,而是在论证它的可行性。这可能和一般的科幻作品有显著的不同。因此,在我将初稿交给科学出版社的时候,我甚至自己都不确定这本书应该属于何种文学形式。

当出版社将文稿定义为硬核科幻作品以后,我开始找一些硬核科幻作品来读。当然,我最喜欢的还是较早读过的刘慈欣的《三体》系列,其内容不但硬核,还充满了并不严重违背基本科学规律的幻想。当然,尽管我不喜欢,我也还是读了一些与基本科学知识相违和,甚至没有什么科学知识、只是随便编造一些科学内容的科幻作品。与这些作品相比,我感觉,《月球旅店》在科学和技术上几乎没有什么幻想,只有故事情节上的幻想。这也许是《月球旅店》和其他科幻作品最大的区别。

前不久,中国科普研究所的一个课题组曾经问我如何做好科普,什么是好的科普。我觉得好的科普应该不仅仅是通俗易懂的名词解释。如果仅仅是停留在名词解释上,普通读者就会失去兴趣,只有专业读者为了扩大知识面才会去读它。好的科普、深入人心的科普,特别是能让青少年接受的科普,应该是以讲故事的形式,将所涉及的科学知识编在一个个生动的故事中来展现。我记得我小时候,那是 20 世纪 60 年代,对我影响最大的科普作品是《小蝌蚪找妈妈》和《铅笔的故事》。《小蝌蚪找妈妈》用生动的故事讲述了青蛙的一生,从中我们很容易学习到很多生物学知识。《铅笔的故事》从森林里的大树,到伐木工人,再到铅笔厂的生产过程,最后到我们书桌上的铅笔,是一个非常好的工业生产科普故事。我的《月球旅店》也许就类似于这类作品,是一部讲述新航天和月球旅游可行性的科普作品。

回顾我写《月球旅店》的创作过程,我觉得无论是创作科幻作品,还是创作带有故事情节的科普作品,首先要有想要表达的主题思想。这个主题思想一定要足够重要,重要到它能激励你,让你弃之不舍,一定要把它表达出来,告诉大家。这个主题或许是对人类未来发展方向的判断,或许是预警人类面临的重大科技危险,又或许是一个简单但是深刻的科学或人生道理,让你感觉它值得用最大的声音喊出来,让更多的人知道。其次,要用故事的形式。这个故事要足够生动,要打动人心。这里不能绕开写一个好故事的规律,比如一个好的开头、人物之间和人物心理的矛盾冲突、情节高潮,以及一个足够让读者安心和满足的结局等。最后,科技内容的正确性。这个我认为最重要。很多科幻作家在故事创作上有优势,但是他们忽略了基本科学内容的正确性,不想去做深入的研究和功课,想当然地去编。那些基本科学内容有错误的作品,会让内行的读者中途放弃,失去读下去的兴趣;也会让外行的读者建立错误概念,误导他们,走向科普的反面。一部好的科幻作品,应该是建立在正确科学知识框架上的幻想和延伸,而不是胡编乱造的、不科学和不正确的奇想和奇幻。至少我对硬核科幻作品的创作建议是这样的。

再回到创作初衷,我这里引用韩松老师在他看过《月球旅店》后的读后感中的一句话,他说:"未来的月球开发技术路线,也许就是像吴季先生小说中所说的那样一步一步地去实现。"我非常感谢韩松老师的评价。如果未来的月球旅店建设真和我的设想相差不远,那么在一个文学作品能够对现实科技发展产生影响的同时,我也实现了自己的科技梦想。这难道不就是激励更多的一线科技人员参与科幻创作的一个很好的理由吗?

挖掘硬科幻创作与出版潜力 助力科普科幻高质量发展

——从《月球旅店》看硬核浪漫与温情

张 莉

《月球旅店》是一部由航天科学家历时一年构思和创作的硬核科幻作品。书中展现了月球旅游的详细过程，可以说是一部现实版的月球载人飞行工程手册，大量真实严谨的技术细节令读者在阅读过程中，不由自主地将自己带入游客和设计师的角色中，亲身体验月球旅游和设计这个宏大工程的真实与震撼。

虽然有了技术，有了故事，但是将大胆狂野的想象付诸现实远比想象要艰难，对专业科技工作者来说更是如此。写得过于专业，容易变成技术细节的堆砌；写得过于故事化，又会缺少科学性。如何将科学与科幻相结合，为受众开阔不同的知识视野；如何取得科技知识与科幻故事之间的平衡，将普及技术与讲好故事有机融合，是出版过程中的难点和重点。

张莉，科学出版社策划编辑，副编审。

一、现实与未来：生动逼真的科幻想象与严谨深入的技术论述

相对于幻想成分居多、技术细节偏少、主要借用科学幻想的形式来表现作品情节的软科幻，硬科幻作品更多地以科学技术知识和科学技术细节为依据，建立在更加坚实的科学事实之上，其核心思想是对科学思想的尊重和推崇。作为深谙国际航天机构和中国航天计划的空间科学专家，作者对书中涉及的技术问题有着娴熟的把握，书中提到的那些技术细节，其实都距离我们并不遥远，有些甚至就是当下正在设计和论证的工程方案。这也是作者在创作时努力的一个方向，让故事中的科技与出版时已知的科学保持某种程度上的一致，作者在书中试图用最先进的技术，构建一个触手可及的未来。这也是我们将该作品定位于硬科幻的主要依据。

本书涉及的知识领域众多，从科学到人文，从技术到商业，包括太空、航天、通信、能源、地质、工程、建筑、旅游、经贸、金融……各种专业知识糅杂在一起，丰富且含金量高。这些元素的使用和呈现，是作品情节发展与主题探讨的重要支撑，为读者理解作品主旨与内核提供了可能性。在这些元素的加持下，读者可以更好地了解未来科技发展的可能性，更深入地思考人类生活与科技发展之间的关系。

可以说，硬科幻作品在更高的意蕴，比如精神层面推动和传播了科学本身，尤其是作品中技术细节的恰当应用，让作品所描绘的世界变得厚重起来。月球是人类在走出地球摇篮的过程中，需要最先涉足的目的地。《月球旅店》一书中细节充沛的技术描述，源自作者毕生从事航天事业的厚重积淀。正因为有如此多的技术细节，我们希望提升书稿的故事性，以达到刚柔并济的目的，这就需要作者有足够的想象力，融合一定的技术跨越与想象，让人感到虚实交织，从而更加具有真实感。在全书故事情节中，主人公肖家远的女儿肖凌宇在月夜期间遥看整个地球的情节，以及与

其呼应的,主人公航天型号总师肖家远为确保月夜期间旅店能够持续营业的设计和论证过程令人难忘,成为全书的高潮部分之一。

在实际操作中,对技术"小白"来说,如何站在读者的角度将这些技术细节了解透彻,一度成为编辑过程中的难点。书中涉及的技术问题是否有不可公开的内容,如何把握叙述的度,都是编辑过程中应该重点把握的内容,也是编辑和作者沟通的重点。为此,编辑不断向作者和其他专业人士请教,大量阅读相关著作,先做到彻底消化,在这个过程中,编辑也完成了某种程度上的知识升华。

二、航天科技与人文情怀:科幻外衣下的温情内核

让读者从科幻作品中感受到温度,这一点也很重要,也是增强图书故事性的一种重要方式。小王子是贯穿该书的一个重要角色,从某种程度上来说,他的存在为该书添加了更多的温度。为了更好地体现这一角色与法国作家圣-埃克苏佩里经典作品《小王子》的融合,我们计划从《小王子》这部作品中摘取经典语句作为每章的开篇。这部分语句,既要足够经典,更重要的是要体现对应章节的内容,让人尚未读取正文,就先从这些语句中获得了某种启发或灵感。最终,我们选取了《小王子》中的 11 段语句,比如,第六章"情怀"的开篇,选取了"第七颗星球,就是地球。"再比如,第七章"家"的开篇,选取了"你晚上仰望天空时,因为我住在其中的一颗星星上,因为我会在其中的一颗星星上笑,你会觉得所有的星星都在笑。你将会拥有会笑的星星!"第十章"融资"的开篇,选取了"很久很久以前,有一位小王子,他住在一个同他身子差不多大的星球上,他需要一个朋友。"这些经典语句,或者呼应章节主题,或者暗示接下来将要讲述的内容,成为该书的点睛之笔。

图片在科幻作品中不可或缺。为此,我们特别邀请专业插画师为该

书有针对性地绘制了十余幅图片。这些图片或是对技术问题的展示，或是温情场景的重现。尤其是其中一幅小王子和小狐狸的图片，让无数读者为之动容，作者也特意将这幅图片的原作悬挂在家中以示纪念。正如著名科普作家、中国科学院物理研究所研究员曹则贤评价说："实干家的浪漫主义、空间科学家的专业知识、圣-埃克苏佩里式的温馨情怀，成就了一支风格清新的月亮畅想曲。"

为了体现作品"到月球去旅游"的主题，我们特意在书中附赠了机票形式的书签，书签按照标准机票的样子制作，在上面印有"亲爱的旅客：恭喜您获得搭乘3130航班前往月球旅游的机会！出发时间：2042年7月15日12:00。您的行程将包括从地面乘坐天地往返载人飞船前往地球轨道中转站……在月球雨海旅店停留的两天时间里，您将会看到比在地球上看月球大得多的蓝色地球挂在黑色的宇宙星空中……"这一小小的举动，赢得了众多读者的强烈反响，他们表示拿着这张"机票"，仿佛跟随书中人物完成了一次极具吸引力的月球旅游，体验火箭发射的冲击、震动、飞行过程的失重，观看月面景色，回望蓝色地球的美丽家园，与此同时也在接受一次生动的空间科学与航天工程的科普教育。

该书出版后，我们在中国科学院国家空间科学中心中关村园区举行了图书首发式。当时会议议程中并没有音乐伴奏这一项，在我们布置会场时无意间看到空间科学中心的乐团正在此处排练，遂当即决定在会议议程中加入钢琴伴奏。这些现场演奏为这本浪漫的科幻作品增添了更多的温情元素，航天科技与人文情怀的结合，既给活动现场增添了温馨氛围，又让在场的人充满理想和热血。

三、注重价值引领：彰显中国文化内核与科技实力

中国科幻作品的价值表达凝聚着中国文化内核。贯穿该书全文的主

人公肖家远是一位将毕生奉献给国家任务的航天型号总师,肩负实现人类走出地球摇篮这个富有情怀的使命。我们在编辑的过程中,特意凸显了这位科学家的存在感,也是为了将科学家为中国航天事业不懈奋斗的精神贯穿始终。这也是这部科幻作品区别于其他科幻作品的一大特点,从某种程度上说取得了一定的境界升华。

肖家远既是一位科学家,也是一个普通人,他既有科学家的伟大,也有普通人的平凡。可以说,肖家远是中国科学家群体的一个缩影,他的故事,不是一个人的奋斗史,而是中国科技发展的生动写照;他的坚守和勇毅,代表了无数科学家在攻克科学难关历程中的品质。如何妥善展现这一角色,避免沦为个人英雄主义式的崇拜,是我们在出版过程中反复斟酌的问题。为此,我们特意在彰显肖家远重要地位的同时,增加了对团队及团队协作重要性的着墨。

该书出版时恰逢中华人民共和国成立七十周年,因此它也是向祖国七十华诞的献礼。正如著名科幻作家韩松在为该书做的序中所言,这部作品从一个侧面描述了中国的过去、现在和未来:这个国家怎样从一穷二白发展到可以上天入海、穿越星空,普通人也能到月球上去旅游。该书讲述了社会主义市场经济的发展,市场在资源配置中真正起到了决定性作用,而政府的作用也得以更好的发挥,这便把以前主要为国家任务服务的航天工业拓展到一个前所未有的新空间。根据书中的描述,这样一个转变的意义是极其重大的。正是坚持沿着中国特色社会主义道路前行,中国才得以实现超越,做到其他发达国家也做不到的事情。"新航天"如果能在中国发展起来,就为未来中国经济的持续发展和创新型大国地位的巩固,提供了一个有力引擎。

四、全方位立体式宣传，多维度提升作品影响力

该作品出版后，结合首发式和相关航天会议，我们做了一些常规宣传活动，包括在常规地面店铺货，在科普类公众号刊发推广介绍的文章，组织名家撰写书评，在成都世界科幻大会、中国空间科学大会等会议上组织图书签售活动，等等。

除了纸质图书，我们更关注该书的全方位立体式宣传和发展。2021年，根据该书改编的音乐剧开始上演。2022年，该书法文版在法国巴黎上架，适逢作者被授予国际空间研究委员会（COSPAR）国际合作奖（International Cooperation Medal）。我们紧急联系法国EDP出版社，开始联络法国的天文学相关学术/科普机构和杂志，与法国巴黎最大的亚洲书店——凤凰书店联系图书签售事宜，邀请科学记者组织采访。在法国巴黎，作者吴季参加了我们组织的相关活动，EDP出版社配合活动通过推特和领英公共账号发送数条作者吴季参加COSPAR大会和获取奖章的相关消息，并借机宣传该作品。2023年，该书入选"丝路书香"出版工程，土耳其语版即将出版。

2020年，该书分别荣获"中国科学院优秀科普作品奖"和"中国科普作家协会优秀科普作品奖"金奖。2022年第七届"北京十月文学月"期间，作者携该书登上北京卫视"春妮的周末时光"畅谈好书，共沐书香。

从凡尔纳到威尔斯，从郑文光到叶永烈，这些作者笔下的许多科幻都成真了。接下来，就是怀着期待，去争取让该作品中描述的一幕，在我们的有生之年成为现实。希望更多的人能够读到这本书，从而更好地认识航天，认识太空，更深入地了解我国航天人对未来的大胆想象和对理想的不懈追求，并激发出实现新梦想所需的大无畏勇气和脚踏实地的精神。期待有更多的科学家和工程师来创作科幻作品，展示我们这个民族的梦想，激励我们前行。

书名:《观天巨眼:五百米口径球面射电望远镜(FAST)》

作者:南仁东　主编

出版时间:2021年4月

出版社:浙江教育出版社

所获奖项:

第六届"中国科普作家协会优秀科普作品奖"银奖

《观天巨眼:五百米口径球面射电望远镜(FAST)》用通俗易懂的语言为读者深度揭秘中国天眼FAST。2016年,英国《自然》杂志公布了本年度产生重大影响的科学事件,"位于贵州的五百米口径球面射电望远镜(FAST)落成启用"位列其中。预计在未来10年至20年,FAST将保持世界一流天文观测设备的地位。作为天眼之父,南仁东在该书里用务实、客观、高信息量的文字全面介绍了天眼工程这个"孩子"有多么出色。当读者读懂了"仰望星空"的诗意,也就读懂了FAST和南仁东,读懂了中国科学家的精神。

为地球镶嵌一枚凝视宇宙的眼睛
——评《观天巨眼：五百米口径球面射电望远镜（FAST）》

韩春苗

"天何所沓？十二焉分？日月安属？列星安陈？"这是诗人屈原在《天问》中发出的疑问。

"天文小镇"贵州平塘克度镇是被誉为"中国天眼"的 500 米口径球面射电望远镜（five-hundred-meter aperture spherical radio telescope, FAST）的所在地，这里有一座平塘国际天文体验馆。走进天文馆大厅，会看到一尊站在地球上的古人雕像手指星空，很多人第一反应是张衡，但走近才发现，原来是屈原。

仰望星空，可能是人类能想象到的最极致的浪漫。两千多年前，屈原仰望苍天，向宇宙洪荒、国家社会、世道人心发出惊世"天问"。老子、庄子、柏拉图、亚里士多德……无数伟大灵魂的精神世界都感受过头顶星空的震撼。在人类历史上，许多伟大的事业可能就源自这一个追问，一次幻

韩春苗，资深媒体编辑。

想,直到有一天终与实干相遇,成就永垂后世的奇观。FAST 就是这样的产物,也正因此,它脚下的这座天文馆展示的不只是科学。

阅读这本《观天巨眼:五百米口径球面射电望远镜(FAST)》(下文简称《观天巨眼》)也会有同样的感受,书中的专业术语使本书具备相当高的科学深度,同时质朴的诗意表达也让本书具备科普的广度。翻开书本,仿佛能看到一群"灰头土脸"的科学家历经 12 年的选址探索,走了几百个小时的山路,终于从"大窝凼"的洞口钻出来,看见头顶那片璀璨的星空和吃惊地望着他们的、连电都没有用上的 12 户村民。谁说没有人仰望星空?我们从未停止做这件事。

一、为什么要建造 FAST

千百年来,人类只是以肉眼和光学望远镜通过可见光波段观测宇宙,而实际上天体的辐射覆盖整个电磁波段。通过电磁波频谱以无线电频率研究天体,这就诞生了射电天文学。70 多年来,全世界射电望远镜接收的天体辐射能量还不够翻动一页书。同时,由于地球上无线电的大量使用,越来越多的电波干扰了外太空信号的接收,再这么下去,人类会被自己发出的无线电波封锁在地球里,无法对浩瀚宇宙做更深入的探索。欧美天文学家说:"如果不抓紧建造新一代大射电望远镜,将来就只有到月球的背面去建造了。"曾经,美国 350 米口径的阿雷西博射电望远镜被评为人类 20 世纪十大工程之首。难道它比原子弹、氢弹更厉害?它的重要性被认为超过阿波罗登月。这正说明,它对整个自然科学的影响,是绝大多数发明所不能比的。

大口径射电望远镜能从宇宙这部"天书"中阅读出什么呢?我们可以研究星际介质、获得天体超精细结构、探索星际分子、寻找地外文明……这个列表可以很长很长,但破解这部天书有一个重要的关键词——脉冲星。脉冲星是宇宙中密度最高、磁场最强、自转最快、相对论效应显著的一类奇异天体，是研究宇宙极端环境中物理规律的绝佳"实验室"。特别是毫秒脉冲星，它"搏动"的稳定性可以与最精密的原子钟相媲美。这些高度稳定的"时钟"分散在银河系中，对它们进行观测，就有可能找到被称为"广义相对论最后一块拼图"的引力波。

要摸到这些物理领域最前沿的大门，就必须借助大口径射电望远镜。中国天文学家彭勃曾这样说："我们要研究一些重要课题，不得不去租用外国先进的射电望远镜。这种租用要排队，批准我们观测的时间是以小时计算的，给我们一小时就很幸运了。"1993 年，中国最大的射电望远镜口径只有 25 米，那时没有人会想到，二十多年后，世界最大的 500 米口径射电望远镜 FAST 会出现在中国贵州。三十年后，也就是 2023 年 7 月，FAST 基于对 57 颗毫秒脉冲星进行的 3 年 5 个月的数据监测分析，探测到了纳赫兹引力波存在的关键性证据，而美国、欧洲、澳大利亚科研团队已分别开展了约 20 年的纳赫兹引力波搜寻，中国利用 FAST 的优良性能，以数据精度、脉冲星数量和数据处理算法上的优势，使纳赫兹引力波探测和研究同步达到世界领先水平。

这真是古有十年磨一剑，今有二十秋铸天镜，三十载叩苍穹。

二、"灵动"之眼何以望穿宇宙边缘

山廓作眼睑，圈梁是眼眶，反射面当眼球，馈源舱为瞳孔——高空看它，银色巨眼，气象非凡。FAST，这架 500 米口径球面射电望远镜，究竟是什么概念？

它是世界上最大的单口径射电望远镜；它是当今探测距离最远的望远镜，目力所及 137 亿光年之外的宇宙边缘；它的球面反射面积有 25 万平方米，相当于 30 个足球场大小；它是目前世界上唯一能够变形的射电望远镜……一位名叫左乌米斯的澳大利亚天文专家说:"世界上没有任何一台望远镜可以与它相提并论。"

书中详细介绍了 FAST 的各项技术挑战与设计突破,用一句话概括:这是一枚"灵动"之眼。

FAST 会"动",有超强的变形力。阿雷西博望远镜的反射面是固定不动的,而 FAST 的反射面是"主动反射面",能根据需要瞬时变形,由球面变为抛物面,并立刻进入聚焦。想象一下,一个相当于 30 个足球场那么大的家伙,让它瞬间变形是什么概念? 这口 500 米口径的大"锅",可不就是名副其实的"变形金锅"么。

FAST 还有超高的精准度。牵扯着反射面变形的球形索网,如同一张视网膜,是世界上跨度最大、精度最高的索网结构,也是世界上第一个采用变位工作方式的索网体系。在反射面上空,高高悬着一个类似于神舟飞船一样的馈源舱(信号接收单元),六根 400 多米的钢索"提溜"着这只 30 吨重的天眼"瞳孔",在 150 米高空 206 米口径范围内大幅移动。索网、钢索、馈源舱,每一部分位移的精准控制,让直径 500 米的 FAST 实现毫米级精度。

FAST 还是轻盈、会呼吸的。体型巨大并不意味着不堪重负,每块反射面上有许多小孔,这让 FAST 从 2 300 吨瘦身至 1 300 吨。无论是降雨还是天空飘落的灰尘,都会通过小孔落入地表,而不会在"大锅"里积聚。风从这里吹过,雨从这里穿过,阳光从这里洒过……FAST 下面的植被郁郁葱葱,毫无生长束缚。

大与小,静与动,轻与重,这些反差恰恰是 FAST 设计的精妙所在。镶嵌在山林之中的 FAST 完全不像是一个突兀的、违和的人工建筑,它静卧群山,与大自然动静相宜,化成一道靓丽的科学风景。

三、美丽的宇宙召唤我们踏过平庸

如果单看《观天巨眼》这本书的文字，会感觉它如同教科书般严谨，以一种极其务实、客观、高信息量的文字去全面介绍天眼工程。可如果留意到这本书的编者，便会在阅读中多出几分肃然起敬，仿佛简洁的行文背后还藏有另一个故事。在封面标题下，有一个名字用低调的小字写着：南仁东。

南仁东将毕生心血倾注于 FAST。但在这本由他自己主编的书中，提到"南仁东"名字时只是一句轻描淡写，"大射电望远镜中国推进委员会，南仁东研究员任主任"。也许南先生本人并不希望这样一本科普书出现过多关于自己的介绍，甚至好像在刻意回避。但是，他的名字已经不可避免地与 FAST 联系在一起。

作为天眼之父，南仁东在这本书里用尽笔墨去介绍他这个"孩子"有多么出色。但我们要了解 FAST 的成长、脾性，离不开这位"老父亲"。根据王宏甲所著的长篇报告文学《中国天眼：南仁东传》中的记述，他中等身材，皮肤黝黑，唇上留着一撮小胡子，差不多就是他"横眉冷对"的一种标志。出国开会别人以为他是日本人，他却说你为什么想到的不是鲁迅。FAST 要立项，从不求人的南仁东到处游说，像个保卫胎儿的孕妇，不断强调这"孩子"将来是很有出息的。他骂人，冲人叫喊，拍桌子，吹胡子瞪眼，谁的面子都不给。国际评审专家对他的评价是："南，英语说得不行，但在伸手要什么的时候就说得特别清楚。"靠着一根竹竿、几粒救心丸、数双磨破开裂的鞋，他带领团队走遍贵州大山里的上百个窝凼。工地收养的狗只跟在他一个人的后面，这意味着他比谁去工地的次数都多。村民们都认识他，工人们跟他打成一片，说："老爷子好着呢，给我们买被子。"

书的正文前，印着南仁东写的一首诗，他既是写给自己，也写给这个世界："美丽的宇宙太空以它的神秘和绚丽，召唤我们踏过平庸，进入它无垠的广袤。"对科学来说,情感是多余的东西,但对科学探索来说,从来都离不开心中的诗意。贵州贫困山区的农民为了支援天眼建设,拿着镰刀为科学家勘探开路,"再穷也会杀鸡给你吃!"这淳朴的民情,何尝不是科学精神的一部分?那么多的设备、钢梁、零部件要进深山,都是农民工像"蚂蚁搬家"那样搬进山沟,这里有多少日夜劳作,如何能算得清?几千户村民,携老带幼,为了天眼建设迁离家园,一句"仰望星空",这诗意的美好包含着多少奉献和付出,我们何以想象?读懂了这些,也就读懂了FAST,读懂了南仁东,读懂了中国科学家精神。

合上书本,比起"国之重器"在技术上的各项突破,这些文字更像是在传达星空的召唤。宇宙,不会无限期地展示给我们,它在一直膨胀,永远停不下来。按这个趋势发展下去,几千亿年以后,银河系附近的所有星系相对于我们的退行速度都会大于光速。换句话说,它们发出的光永远到达不了银河系,都会退出我们的宇宙视界,进入一个从理论上永远也看不到的区域。想象一下,当那时的智慧文明再来观察宇宙,会发现银河系是一个孤岛,除此之外就是无边无际的黑暗。当下,我们生活在一个千姿百态的宇宙,能看到几千亿个河外星系。在一个百花绽放的年代,在所有的花儿枯萎之前,为什么不尽情地享受它们的千娇百媚呢?

星空还在,它之于我们的意义也一直都在,人类始终需要一双仰望星空寻找答案的眼睛,踏过平庸,追求无垠。

书名:《**爱犯错的智能体**》

作者:张军平 著

出版时间:2019 年 7 月

出版社:清华大学出版社

所获奖项:

第六届"中国科普作家协会优秀科普作品奖"金奖

21 世纪以来,人工智能有了飞速发展,在各行各业如互联网、安防、多媒体等都有了广泛且有效的应用。但这是否意味着人类就能制造超越人类自身的智能体呢?《爱犯错的智能体》浅显易懂地剖析了人类和智能体在视、听、语言等方面存在的各种错觉和错误,而作者认为深入理解人类的"错误"更有利于智能体的研究和发展。作者不费力地游弋于生命、计算机、数学、物理等几大学科之间,让读者经历一次目不暇接的跨学科科学旅行,再加上一个个有趣的故事,既解惑又易于接受,是人工智能领域科普的佳作。

浅谈面向人工智能领域的科普创作
——《爱犯错的智能体》创作手记

张军平

　　随着深度学习的兴起，人工智能在众多领域都有了突破，并有了实用级的应用，如人脸识别系统已经布置于高铁、机场，2016 年 AlphaGo 战胜了围棋世界冠军。2023 年，OpenAI 公司的大语言模型 ChatGPT 在聊天能力上变得更像人类，Midjourney 公司的绘画软件已经能画得与人类媲美，Meta 公司的分割任意模型 SAM 几乎解决了长期困扰图像处理领域科研人员的图像分割难题。一时间，人们担心人工智能是否会超越人类，而这种担忧从 AlphaGo 开始，似乎就有愈演愈烈的趋势。另外，人工智能本身的研究发展在往大模型、大数据、大算力的方向快速前进。由于人类经历过两个人工智能低谷，每个低谷的前夜都是人工智能的快速发展。所以，我们不禁要思考，人工智能的方向是否准确？人工智能还有哪些难题尚未解决？

张军平，复旦大学计算机科学技术学院教授。

实际上，这些疑虑在大模型盛行之前就已经出现。

2018年，在《科技日报》的一篇采访报道中，我利用《射雕英雄传》里周伯通的左右互搏术科普了生成对抗网的原理。随后不久，又用长寿在个性和统计上的差异分析了深度网络预测性能卓越的原因。在此之后，我又在科学网撰写了一系列关于现有人工智能难以解决的问题的文章。我将自己2018年以后发表在科学网的系列科普文章汇集成册后，2019年于清华大学出版社出版了《爱犯错的智能体》一书。本书的目的是希望能利用一线科技工技者的经验，科普人工智能的现状、不足及思考，也期望它能激发相关科技工作者和人工智能爱好者的兴趣。

一、以书名为引：深埋人工智能发展的新线索

这本书取名《爱犯错的智能体》的用意，与人工智能的预测性能近年表现优异有关，尤其是在大数据、大模型、大算力基本成为提升各种人工智能相关任务预测能力的共识的情况下。然而，预测性能只反映了人工智能研究的其中一个目标，并非全部。那么，通过对预测性能表现强的反向思考，我发现预测性能与可解释性之间存在矛盾。

如果需要进一步提升预测性能，那么就不必考虑统计意义上的平均预测性能，只关注个体的优异表现同样可以达到目的。但如果过分关注个性，就会损失统计意义，而统计意义却是保证可解释性的根源。因此，预测性能与可解释性之间必然存在矛盾。要保证鱼与熊掌兼得，则需要在两者之间进行折中。再进一步思考，在人工智能做得异常好的应用上，人类实际上达不到如此好的性能，甚至容易犯错。比如人脸识别，人类是不可能像人工智能一样能记住上千万甚至上亿的人脸的。围棋也是，人类一生也不可能对弈3 000万棋局，但机器可以。

但为什么反而见不到人工智能能全方位超越人类呢？这自然引出一

个问题，人类犯错的意义在哪里？是否可以减少犯错，来获得与人工智能一样强的预测能力？从我的理解来看，答案是否定的，正如人类常说的话一样，失败是成功之母。有了犯错，才有利于智能的演化。

因此，本书取名为《爱犯错的智能体》，正是希望能把各种犯错的机制与智能的关系找出来，并期望读者能从中发现未来能促进人工智能发展的新线索。除此以外，它的英文名明确表明了这层含义，即 *Errors Favor Intelligent Being*，直译就是"犯错有利于智能"。

二、以感官为分类：直观呈现人工智能的犯错机制

要分析人的犯错机制，可以从多个层面展开。但与人工智能最直接相关的，是人类的感官。其中，视觉是我们和多数动物探索世界的主要感觉器官，据说人类对环境的感知80％以上源自视觉。但正因为如此，它又是人类最容易形成错误感知的地方，也是存在大量未解问题的地方。比如视觉倒像问题，在什么时候、什么地方将眼睛看到的目标，通过眼睛内晶状体的光学凸透镜形成的倒像纠正成正像。又比如视觉恒常性引起的对衣服颜色的判断及同时对比现象；视觉中枢对目标的感知、记忆模型的不同理解。从这些问题中，通过搜索文献，我总结了大量的犯错机制，以及它可能隐含的、与人工智能相关的科学问题，如流形学习、格式塔心理学、原型说，等等。

其次，人容易产生错觉的地方在听觉。比如麦格克效应，是人同时利用视觉和听觉来帮助判断声音内容时的有效机制。当视觉被误导时，听觉也有可能被同时误导。不仅如此，由于语音发音的有限性，也会导致错听或误读。同时，人类能在鸡尾酒会中轻松分辨出想要听的人的声音，反而机器很困难。这种"鸡尾酒会问题"也引发了盲源分离的研究。

再者，在自然语言理解中，也存在大量有趣的语言现象，如回文诗，看

字形猜诗词等。语言的背后深藏着有趣的科学问题,如学习的次序、语言的多义性、局部与整体认知,等等。

另外,人类的梦境、顿悟、情感、群体智能等都有值得挖掘的内容。

概言之,本书的编排是从视觉开始,再过渡到听觉、认知、群体认知等高级能力。希望通过分析各个层面可能犯的错误,让读者更直观地了解人工智能。

三、创作初衷:激发大众对人工智能的兴趣

《爱犯错的智能体》是一本科普书。从我对科普书浅薄的理解,以往的科普主要定位于传授已知,即将已经成为事实的知识传授给大众。但作为一线科技工作者,我认为人工智能仍存在的大量问题和未曾探索过的领域更值得关注,因为它一方面可以激发读者的主动思考,另一方面也能让读者有一个辩证的思考,不是一味地以为人工智能无所不能,而能更为科学地看待人工智能的发展情况。

从这个角度出发,我在撰写本书时引入了很多个人的思考,如总结部分,我提出了"平衡智能"的观点。我也期望读者能从中发现一些有趣的现象,甚至迸发出新的想法、观点。我还期望一些青少年读者,能够通过阅读本书,激发起对人工智能的兴趣,以至于未来有可能走上研究人工智能的科研道路。

如果今后真有哪位人工智能科研人员,说是小时候因为看了《爱犯错的智能体》才走上本领域的研究道路的,那么,这本书就物超所值了。而如果从更一般的角度来看,如果本书能让普通大众更为清醒地了解人工智能的现状、局限及未来可能的发展,那也能对提高全民科学素养起到一定的推动作用。

四、内容书写:严谨性与可读性的平衡

作为科研人员,难免会担心自己讲错科学内容。以前有个笑话,说科研人员如果在电视上讲错一句话,就会得罪一批同行朋友。所以,做科普得非常小心,尤其不能把一些常识性的错误带给读者。除此以外,也必须避免将一些伪科学的知识传递给读者。更有意义的是,一线科技工作者可以将更为前沿科技的进展介绍给读者。

然而,这里需要注意的是,如何增强科学内容的可读性。现今的科研环境,科研方向已经非常细分,多数科技工作者熟悉的往往是自己钻研的具体研究方向。科技论文的写作也比较"八股文"化,而且科技论文排斥轻松活泼的写法,那样会导致论文过于主观化。这两点对于科普来说,实际上会造成不小的障碍。因为科普常需要通过大众熟悉的事物来侧面了解前沿科技,但如果科研人员没有相对宽广的知识面,那很有可能不知道如何下手,容易把科普写成大家看不懂的科技论文。

另外,人工智能里的很多内容是有严格的公式来表述的。但《时间简史》一书的编辑曾对霍金说过,科普书里每多一个公式,就少一半读者。所以,本书中,我将需要用公式表述的内容,通过借用生活中常见的现象,更直观地解释了。这样,也能有利于大众的理解和对知识的消化吸收。

科普需要生动有趣活泼。在本书中,我通过大量的比拟来介绍一些相对困难的人工智能问题。比如自举,是机器学习的常用算法之一。我就讲一个人骑马陷入沼泽中,通过用手抓住自己头发将自己和马一起拔出沼泽的故事,来让读者形象理解其中的道理。再比如个性与共性在预测能力上的差异,我通过116岁长寿老奶奶喝可乐的故事,来科普深度学习有可能能通过个性化的模型训练来获得优异的性能。

不仅如此,我在文字组织中,也适当地引入了幽默感,以便读者能更为轻松愉快地阅读本书。

值得指出的是，人工智能多数成果源于国外。但从国外的角度来介绍，大众可能会有一定的疏远感。为了增强中国特色，拉近读者的距离感，我也引入了不少中国元素的故事，比如利用林语堂的《口技》介绍人工智能里音源分离的困难。

而为了增强行文的逻辑性，每篇文章的写作都是在长思以后才完成的，并非是为了凑字数而写。有的时候，因为找不到写作的冲动或灵感，我会去室外慢跑，期望通过多巴胺的释放，来获得好的构思。幸运的是，这种策略常常奏效。

总的来说，《爱犯错的智能体》是我通过一个又一个的自我设问，再根据问题进行相应的人工智能前沿进展的调研，通过科普化的构思并结合中国特色元素而完成的。该书中隐含了大量人工智能里悬而未决的科学问题，等待有志于人工智能事业的读者去探索和解决。该书中包含的人工智能知识点，我自认为是相当密集的。尽管书的页数并不多，但读者阅读之后，可以充分了解人工智能的全貌。

人类与 AI，孰强孰弱？
——读张军平的《爱犯错的智能体》

郭 鹏

几个世纪以来，随着人类对博物学和进化论的研究不断加深，我们已经清楚地认识到，尽管人类具有高度发达的大脑，是能进行复杂思维活动的高等动物，但人类的很多生理构造远不如其他生物具有优势。自然孕育出了丰富多样的生物，它们"身怀绝技"，丝毫不弱于人类。因此，人类自远古时期开始，从最早使用石块、树枝制造工具，到两次工业革命时期发明发动机、电话等，再到如今发展人工智能，都是在不断弥补自身的"缺陷"，追求更高级的完美。

人工智能和深度学习在近几年实现了飞速的发展。自从 AlphaGo 首次成功击败人类职业围棋选手，ChatGPT 对人类的模拟越来越逼真，人们不禁担忧：人工智能是否将在未来超越人类？《爱犯错的智能体》这本书从"错误"入手，探讨了人类和机器犯错的原理和纠正错误的能力。

郭鹏，清华大学电子工程学硕士，因诺微科技(天津)有限公司总工程师。

人类是智能体,机器是程序体,两者相互学习、取长补短,恰是在这些弥补错误的过程中,蕴含着人工智能未来发展的密码,这也正是本书英文名称 *Errors Favor Intelligent Beings* 的意义。

作者张军平是复旦大学计算机科学技术学院的教授、博士生导师,主要研究人工智能、机器学习、图像处理等领域,并且热衷于将这些前沿科技普及给大众。《爱犯错的智能体》是作者 2018—2019 年发表的科普文章的合集。在作者看来,更深入地了解智能体自身的"缺陷"和"错误",对于研究人工智能的深度学习能力有很大帮助,作者也希望以科普的形式,吸引更多年轻人走上人工智能的研究道路。

一、人工智能可以弥补一部分人类的错误

人类作为智商最高的智能体,依然免不了在很多方面犯错,或者做出错误的判断。这些错误包括视觉、听觉、认知、情绪等很多方面,并且大多都会对人类产生不利的影响,阻碍理性的判断。那么现阶段的人工智能在遇到同样的问题时会犯与人类一样的错误吗?它们真的能实现模拟并超越人类智能的目标吗?

作者举了很多生动的例子来说明有些人类的错误能被人工智能避免。比如人脸翻转效应,由于人类对脸部的结构已经有了先入为主的认知和记忆,因此如果将一幅人脸图像颠倒过来,我们依然会按照从上到下依次由头发到下巴的顺序来辨识人脸,从而导致将颠倒后的图像错误地看成另一个截然不同但"合理"的人脸。而人工智能不用担心这个问题,不论人脸图像的角度如何变化,人工智能依然能准确辨认出五官和细节。

再比如人类会有意或无意地忽略视觉关注点之外的目标。这种疏漏有时是致命的,比如开车的过程中司机将关注的重点放在行驶的汽车上,就有可能忽视突然出现的行人而发生危险。但是人工智能可以轻松地解

决这一问题，跟踪并区分视野内所有变化的目标。

但是人类有些错误人工智能也是不能避免的。比如阴影对人类和人工智能识别目标的远近、速度、计数等方面都造成了不小的障碍。作者以2018年首例无人驾驶车撞人致死事件为例，当时天色已晚，道路漆黑一片，无人驾驶车仅靠汽车前灯照明，并且仅依赖摄像头获取的图像来实现自主驾驶。当行人推车横穿马路时，无人驾驶车检测到黑夜的阴影中有物体出现，但因为阴影的干扰，智能驾驶系统判断目标是否为行人的确定性显著降低，导致行人从阴影中走入车灯照明范围时，系统没能输出紧急刹车的指令，酿成悲剧。

作者以贴近生活的实例，比较了人类和机器在处理各种"错误"时的表现，让读者可以很容易理解人工智能产生的原理和意义。作者希望让读者看到，人工智能的发展源于人们对容易忽视的生活细节的思考，和对更便捷舒适的生活的热爱。但这些例子也引发人们的担忧：如果人工智能超越了人类智能，未来会是怎样的？

二、目前人工智能无法完全替代人类智能

既然人类是如此爱犯错的智能体，那么人工智能有可能替代人类成为世界的主宰吗？作者认为，以目前的科技水平来看是很难做到的。书中列举了很多人类能做到、但人工智能做不到的事情，正是这些差异造就了人类相对于人工智能的绝对优势，而减小甚至填补这些差异正是未来人工智能的发展方向。作者将这些差异分为两类：

第一类，我们很清楚人类做到某件事情的原理，但人类复杂的生理和物理特性使得人工智能目前无法复制这一原理。比如人类视觉的亮度自适应机制，当人们走进电影院时，刚开始眼前漆黑一片，过了一段时间，人的眼睛逐渐适应之后，便能看清楚周边的环境了。这一功能是通过后端

的视神经元的分工协作实现的,而人工智能受限于感光元件,在处理光强差异大的场景时仍然一筹莫展。随着感光元件不断发展,人工智能在这一领域也会逐渐突破和进步。

第二类,我们不清楚人类做到某件事情的原理,人工智能也就很难复制。比如听觉里的"鸡尾酒会效应"。人类具备听力选择能力,在嘈杂的环境中,当我们的注意力集中在和某一个人的谈话中时,会忽略背景中其他的对话或噪音。由于我们现在还不清楚听力选择的原理,也就无法让人工智能从多重干扰中分离特定的人声。

人工智能发展的局限和前景,在作者列举的事例中变得清晰明了。人类和人工智能本质的不同,在于人类具备极强的适应性。不论是视觉、听觉等感官,还是心理和心智方面,人类都具备在困境中(不利的条件下)自我成长、自我提升的能力,竭尽所能地适应周围的环境。如果想让人工智能跨出"机器"的范畴,真正跨入"智能"和"深度学习"的领域,就需要我们更深入地了解人类自我提升的机制,从而找到构建自我发育、自我强化的人工智能体的方法。

三、人工智能的发展带给我们的哲学思考

作者作为国内人工智能领域的一线专家,对人工智能相关技术的发展脉络可谓如数家珍,更难能可贵的是,本书在科普人工智能的原理、进展之外,也涉及一些哲学领域的思考与启示。

1. 未来人工智能的学习能力将更多模仿人类幼儿

虽然作者的主要研究方向是人工智能,但是对于心理学、生物学也有广泛涉猎。本书介绍了众多与人类视觉、听觉、躯体感知、情感有关的著名实验,例如艾宾豪斯错觉,即两个同等大小的圆,人们总是认为被大圆包围的圆小,而被小圆包围的圆大。还有亚里士多德错觉,当食指和中指

交叉去触摸一个小圆球,人们会感觉在同时触摸两个圆球。

多学科的知识背景启发了作者融会贯通的多角度思考方式,在探索人类本身在生物学和心理学领域的奥秘时,作者开始思考:人类新生儿的成长经历是否和发展人工智能有相通之处?

作者通过观察自己孩子在幼儿时期的表现,并查阅实验数据,发现人类新生儿的视觉是由粗略到细化发育而来的。随着新生儿的成长,他们的视觉逐渐训练对各种目标建立敏锐快速的视觉印象。同样,在语言学习阶段,新生儿也经历了明显的由粗到细、由具体到抽象的学习模式。

而目前人工智能的发展却不是如此。我们会在一开始就为系统设计一套尽可能复杂完备的模型框架,包含着海量的参数变量。然后在这个模型内输入大量的案例,让人工智能去学习和练习,从而在海量的参数变量中找到和预期结果最合适的值,模型就确定了。

这么看来,如果人工智能的开发能够借鉴人类在不同发育阶段的学习模式,摒弃从一开始就设好框架、定好边界的做法,让它自发地从易到难逐步学习,也许会有新的跨越式发展。

2. 人工智能的可解释性与可预测性无法兼得

可解释性即人工智能完成简单任务时,人类可以对其逻辑和过程给出合理的解释。但随着人工智能系统的复杂性增加,我们对其逻辑和结果做出明确合理解释的能力会降低,也就是说我们可能根本搞不清楚人工智能完成任务的原理是什么。这时,系统的可预测性反而提高了——只要我们在初期建立尽可能复杂完备的模型,通过大量训练令人工智能积累足够多的经验和数据,我们能够预测系统在具体任务中有更准确出色表现的概率就会有所提高。

目前业界已逐渐忽视人工智能的可解释性,愈加关注复杂系统的可预测性,从而获得更精准的人工智能系统。本书出版于 2019 年,当时业界对复杂人工智能系统的探索还未进入飞速发展期。但近两年,人工智能领域不断涌现出优秀的产品。最具代表性的例子是 2022 年底美国 OpenAI 公司推出的全新对话式通用人工智能工具 ChatGPT 3.5。它表现出了令人惊艳的语言理解、生成、知识推理能力,能根据用户要求进行翻译、文案撰写、代码编写等工作,颠覆了普通大众对于人工智能的认知,成为一个全球性、现象级的应用软件。但是,科学家现在仍不能准确解释为什么它会取得这么好的效果,只能将它的成功归因于它所拥有的多达 1750 亿个的参数规模——足够多的参数保证了系统输出结果的高准确度。

自然界总是存在各种平衡。对一件事的极致追求,往往需要用另一件事的损失来偿还。虽然人工智能的发展越来越迅速,但可解释性的降低也意味着风险在累积,发展遇到了瓶颈期。因为我们并没有真正理解人工智能的原理,即便用海量的数据和大量的 GPU 加速板卡来训练人工智能,它也不一定能做到一些人类幼儿轻而易举就能做到的事情。

当下的人工智能热潮集合了多学科的智慧,涉及脑科学、统计学、数学、物理学、认知心理学等许多领域。在作者看来,人工智能的发展还大有可为。他积极投身于科普的目的,也是希望更多后辈对人工智能领域产生兴趣,进而投身于这一事业。我们相信,如何更清楚地解释以大模型为代表的人工智能背后的原理,会是未来科研界的重点研究方向,而对人类自身的进一步探索可能会为解决这个问题提供更多的思路,各学科的发展必将相辅相成地促进人工智能不断向前迈进。

生命健康篇

　　一直以来，生命健康都是公众关注的焦点，更是科普领域的重点。关于生命健康的科普对于提升全民健康素养、提高人民健康水平发挥着重要作用，对卫生健康领域的科技创新发展、成果转化、医学精神传承等也具有积极意义。第六届和第七届中国科普作家协会优秀科普作品奖这一类别的获奖图书，在保持以往获奖作品专业性、科学性的同时，更体现出人文性、互动性、时代性的创作特点。

　　人文性。医学的全面发展早

已不再局限于技术层面的解决患者病痛，而是回归医学初心，注重治疗过程中的人文关怀。《医学的温度》一直倡导医学的人文价值——医学是有温度的、人性化的科学。《10天，让你避开宫颈癌》体现了对女性生殖健康的关注，尤其是期望全社会都能关注女性健康科普的特殊性。《图说离不开的小空间：农村厕所的故事》则体现着对于农村卫生健康的深切关怀。同样，这类科普图书的策划和创作也致力于人文关怀的导向，让读者感受到医学科普作品的温度。

互动性。读者的认知水平在不断提升，科普创作队伍也在不断扩展，更多有医学相关背景的专业人士投身到了医学科普创作之中。而一本有质量的科普图书的出版，是创作团队多方关照的结果，以读者需求为中心，编辑、作者、读者三方良好互动，互相成就。《照进角落的光：行走在远古到中世纪的医学》是一部医学史科普图书，作者孙轶飞结合自身从医经历，实现从医生到医学科普创作者的实践转变，而编辑刘彬老师则从编辑出版的角度，不断提供助力，与作者形成有效沟通协调合作，从而让读者生出"整个世界和所有的知识都是联系在一起的"感叹。

时代性。科普图书的选题一定程度上要结合当下、顺应时代，尤其公共突发事件发生时，需要科普帮助读者解决实际问题；同时还应立足长远，为读者树立正确健康的思想观念与生活方式。《活出健康：免疫力就是好医生》是在新冠疫情背景下策划的，旨在帮助读者树立正确健康的生活方式。为了避免成为一本"抗疫"时效书，编辑以免疫力为主线重新定位，以全人群、大健康的长远视角延长了图书的生命周期。《致命的伴侣：微生物如何塑造人类历史》也体现了类似的时代性。

精准的医学技术丈量人类前进的道路，富有生命力的医学科普图书则是洒向路上的暖光，抚慰每一个心灵。

书名:《照进角落的光:行走在远古到中世纪的医学》

作者:孙轶飞 著

出版时间:2018 年 10 月

出版社:人民卫生出版社

所获奖项:

第六届"中国科普作家协会优秀科普作品奖"银奖

《照进角落的光:行走在远古到中世纪的医学》以轻松的笔触,结合时下流行热点如影视作品,讲述医学史上有趣的故事,带领读者一起了解医学、疾病和历史、文化之间的相互影响。

从医生到医学科普创作者
——《照进角落的光：行走在远古到中世纪的医学》创作手记

孙轶飞

　　"谋而后动"这个原则可以应用在我们生活的方方面面，在创作一本书的时候更是如此。身为作者，在提笔之前我先要解决这样三个问题：第一，有没有必要写这本书？第二，我有没有能力完成创作？第三，这本书的可读性如何？

　　第一个问题，有没有必要写这本书？《照进角落的光：行走在远古到中世纪的医学》（下文简称为《照进角落的光》）是一本讲述医学史故事的书，对远古时代到中世纪的医学发展历程进行了梳理。在我看来，有很多理由来写这本书，其中最重要的理由在于，了解医学史对理解医学的内涵是有用的。

　　这当然和我的从业经历有关。在创作这本书的时候，我还是一名外科医生，对自己本专业的历史产生兴趣是理所当然的事。随着我不停

孙轶飞，河北医科大学医学史研究中心副主任、医学教育史研究室主任，副教授。

地阅读医学史相关的书籍和资料,我越发感觉,医学的历史不仅充斥着精彩纷呈的故事,而且能帮助我加深对医学专业知识的理解。这也让我深刻地认识了一个道理:了解知识的本末由来,有助于加深理解、强化记忆。

比如,治疗直肠癌的几种手术方式之中,有的术式可以在切除肿瘤之后将肠道吻合,这样就可以让患者尽可能地保留肛门的生理功能。而有些术式需要切除肛门,进行结肠造瘘,会给患者带来生活上的诸多不便。另外一些术式则是姑息性手术,仅仅进行结肠造瘘,缓解患者的肠梗阻,而对肿瘤本身根本不进行切除。

为什么会出现如此种类繁多的术式呢? 有一个显而易见的理由,因为患者病情的严重程度并不相同,这也正是外科学专业著作中讲解这些不同术式的逻辑。但在了解相关的医学史知识之后,我意识到,如果按照出现的先后顺序对这些术式进行排布,可以呈现出另一条逻辑清晰的思路。

在手术技术不够发达的时代,外科医生所能进行的操作相当有限,因此并没有所谓的直肠癌根治术。外科医生所能做的,不过是进行结肠造瘘,也就是将结肠与腹壁相连,让大便可以绕开直肠和肛门,从腹壁排出,从而解决肠梗阻问题。并不是医生不想切除肿瘤,而是技术上达不到。

伴随着技术进步,切除肿瘤具有了可能性。此时的医生认为,肿瘤向上、向下都有可能发生扩散,因此手术切除的范围比较大,在肿瘤的上方和下方都要切除十几厘米的肠管。毫无疑问,按照这样的手术原则,当向下切除直肠时,自然会将肛门切除掉。

不久之后,医生对于直肠癌的认识更加深入,他们惊喜地发现,原来直肠癌向上扩散的风险较高,但向下扩散的可能性很低。如此一来,切除直肠癌的范围可以大大缩小,向下只需要切除两厘米左右。这样既可以解决问题,肛门又有可能保留下来,于是这才诞生了保留肛门的直肠癌手术方式。

既然如此，为什么我们没有对每一个直肠癌患者都采用这种保留肛门的手术方式呢？这同样需要从病情的角度出发。哪怕是在今天，对于很多患者的病情，外科医生所能提供的帮助依然有其极限。在肿瘤扩散严重的情况下，今天的外科医生和 200 年前的外科医生一样无法切除肿瘤，因此那些古老的术式在今天依然有发挥作用的场景。

这就是今天所能看到多种直肠癌手术方式并存的根源。不得不说，通过对于这段历史的了解，作为外科医生的我，对专业知识的理解更深刻了。当我知道每一种术式是在何种条件下，又是为了解决何种问题而产生时，我便能更清楚这些术式应该在何种情况下被使用。

医学是一个非常特殊的学科。对于医生来说，更深刻地理解医学本身的重要性自不待言，对于任何一个人来说，了解更多的医学知识，了解每一项治疗的原理，都能够帮助自己进行更好的医学决策。而医学史则可以通过有趣的故事，让大家都对医学知识有所收获，因此在我看来，创作这样一本书是有价值的。

第二个问题，我有没有创作这本书的能力？事实上，在创作这本书之初，我的脑海中便有一个声音在反复回荡：作为一名医生，我是否能够跨界完成一本科普书的创作。换句话说，作为医生的能力是否和科普作者相匹配？经过一番思考，我认为科普能力对于医生来说应该是一项基本素质，我能写完这本书。原因很简单，在医生的日常工作中，有很大一部分时间是用于医患沟通的。无论是图书创作还是医患沟通，都是在表达和传递信息。在我工作的过程中，就在不停地向每一位患者介绍他的病情，以及与他的治疗相关的医学知识。如果我能够让我的患者了解这些内容，那么我也一定能够让我的读者看懂我写下的文字。

从这个角度来说，良好的表达能力本身就是医生的基本素质之一。

如果我做不到这一点，那么我所担心的不应该是"自己能不能成为一个好的科普作者"，而应该担心"自己是不是具备作为医生的基本能力"。于是我静下心来，回顾了自己的职业生涯，我觉得我所治疗过的患者并没有出现过因为我的表述不清而对治疗产生怀疑和不理解的情况。于是我便有了信心，一定能够将这本书创作完成。

第三个问题，这本书的可读性如何？毫无疑问，运用通俗的语言呈现内容是一名科普作者必须要做到的。科普作者往往在求学到工作的整个阶段中，阅读了大量的专业书籍和论文。这些作品中的文字力求科学、严谨，而且内容讲述面面俱到，对于每一种疾病的每一个细节都会进行充分、完善的讲解。不得不承认，当这些标准都被满足的时候，文字也难以避免地枯燥起来。

对于医生来说，阅读这些严谨而枯燥的文字是必不可少的，甚至可以说是自己工作的一部分，因为只有这样才能让自己不断学习专业知识，了解相关科学进展。但是对于非医学专业的人来说，医学专业书籍当然会让人产生望而却步的感觉。因此让不学医的人也能看懂医学类书籍，就成了医学科普作家所要完成的工作。很明显，最简单的解决办法就是用通俗易懂的文字呈现自己所要表达的内容。

在解决这个问题方面，我有一个非常简单的策略，那就是把自己所写的每一个文字都读出来。如果我自己读下来都感觉不够通畅，说明这些内容在口语化表达方面做得远远不够。只有当我写下的内容能够被通顺流畅地读出来时，读者在阅读的时候才能有清晰流畅的感觉。在这样的基础上，读者才能够接受、理解并记忆相关的知识。

当然，在所有的医学类图书之中，医学史类的书籍有着得天独厚的优势。因为它毕竟有历史的属性，有丰富精彩的故事。这一点其他医学类书籍是很难相比的，这为我的创作提供了极大的便利。但是，对于科普作者来说，如何把这些故事以清晰的逻辑线一个个串在一起，就成了新的难题。

那么如何能够实现这个目标呢？我想到了一个问题：为什么人人都爱看小说？《三国志》作为"二十四史"之一，其史料的丰富度和严谨性，毋庸置疑远超小说。然而，又有多少人会在闲暇时将阅读《三国志》作为娱乐消遣呢？相比之下，《三国演义》虽然包含大量虚构情节，在史学角度与《三国志》相比不值一提，但若论可读性，《三国演义》显然胜过《三国志》。这究竟是为什么呢？

难道是因为文笔不同吗？只怕未必。《三国志》的叙述同样精彩，正如《史记》被誉为"史家之绝唱，无韵之离骚"，但又有多少人会把《史记》放在身边随时翻阅呢？在我看来，《三国志》和《三国演义》之间存在一个显而易见的差别，那就是编排的逻辑。

在真实的历史中，许多重大历史事件是在大致相同的时间发生的，它们之间是并行关系。如果我们通过《三国志》来了解那段历史，会感到非常吃力，除非对历史足够熟悉，否则很难将这些事件在自己的脑海中形成清晰完整的结构。然而，《三国演义》则完全不同，它不需要像正史一样面面俱到，而是将那些并行发生的故事梳理成一条清晰的线性结构。简单地说，读者只需从前向后阅读，就能以非常连贯的视野将所有故事、每一个人物尽收眼底。

经过这样的思考，我决定将医学史的相关内容按照时间顺序形成线性的逻辑，最终呈现在读者面前。这样一来，当读者阅读这本书时，会感到如同阅读小说一样轻松愉快，无须在脑海中努力构建复杂的知识图谱，也无须为理清各个知识点之间的联系而一边看书一边做笔记。有了这样的思路后，我在创作本书时便能从全书整体的角度去思考材料之间的取舍、去留，以及各个章节之间的内容呼应，因为只有做到这些，才能让书中的内容前后呼应,使整本书具有一气呵成的连贯感。

　　就这样,我明确了三件事:第一,这本书有创作的必要。第二,我有能力完成创作。第三,这本书可以写得像小说一样好看。如今距离这本书完成也已经有数年时间。如此看来,也算是对这三点有了一个还算让我满意的交代。

助力医生开展医学科普创作

——《照进角落的光：行走在远古到中世纪的医学》编辑手记

刘　彬

　　我很早就想做一本与医学史相关的书。为什么我有这样的想法，这要从我对教育的理解开始。教育的目的是培养身心健康、品德完善、知识丰富的人，它不仅仅局限于知识的传递，而是对于人的全面培养。医学教育不仅仅是让医学生学习医学知识，还需要让他们了解医学知识的广度和深度。在学习知识的过程中，也要重视医学人文精神的培养。而医学史则是医学人文教育中的重要组成部分。基于这样的考虑，我对出版一本医学史的书非常感兴趣。

　　与此同时，医学史的读者群体可以更广泛，不仅限于医学专业人员。普通的读者也可以从医学史类图书中得到收获，而这正是医学科普所要完成的工作。换句话说，医学科普可以被理解为对社会中每一个人的医学教育，当然是要以一种更为大众所接受的方式进行。因此，如果能够将

刘彬，人民卫生出版社健康科普部主任，编辑。

历史的角度与医学知识结合起来,以科普的形式面向大众传播,那么这本书就会吸引更广泛的读者群体,带来良好的社会效益。

然而,如何将这本书做好对于编辑来说是一个巨大的挑战。即使作者对这个领域非常熟悉,编辑也需要完成许多工作,以确保这本书的创作和出版顺利进行。接下来,我将结合《照进角落的光》这本书的实际出版过程,谈一谈我的心得和体会。

一、耐心沟通·构建整体策划思路

找到合适的作者,对编辑来说是一个难题。但幸运的是,我所在的人民卫生出版社在医学领域拥有丰富的作者资源,因此这个问题并没有给我带来困扰。然而,如何让作者和编辑之间进行有效的沟通,对每一位编辑来说都是一项需要重视的工作。

在创作《照进角落的光》这本书时,作者本身是一名外科医生,同时会在业余时间进行医学史的授课。无论是医学知识的专业性还是对医学史内容的掌握程度,都有很好的保证。然而,作者的知识丰富并不一定有利于图书的创作,因为在作者眼中,著书立说很大程度上是要将自己的所知所感进行表达,这容易使创作陷入以作者自我为中心的视角。

科普图书的受众群体应该更加广泛。如果我们希望每位读者都能够理解书中的内容,那么在创作初期,就需要将读者放在创作的核心位置,时刻站在读者的角度。根据读者的认知能力、接受程度和知识水平等因素进行内容的整理和创作。

可以这样理解,在这个阶段,图书编辑所要做的工作就是在某种程度上约束作者充沛的创作欲望,使内容聚焦于为读者服务。因此,在这个阶段,我与作者进行了深入、广泛的沟通。在内容构架上,大刀阔斧地删除了作者预定的许多章节,并不是因为这些内容不好,而是为了让读者有更流畅的阅读体验，一些专业性过强、趣味性不足的内容只能被忍痛割爱。只有在这种整体观的视野下，我们才能保证图书内容的可读性，实现一本科普读物的真正价值。

二、精心打磨，提升内容的可读性

确定了图书内容的整体构架后，我便与作者沟通样章的文字风格。在此过程中，我敏锐地发现作者在日常交流和书面表达之间存在细微的差异。原因在于作者在不同的沟通方式下，对沟通对象有所假设。这也是医务工作者普遍存在的情况。

在临床工作中与患者进行沟通时，医生的沟通对象是患者。因此，医生会使用通俗易懂的语言，主动避免使用过于专业的医学术语。而在教学工作中，医生的沟通对象是医学生。医生会认为医学生应该具备扎实的医学知识基础，因此在语言表达上会更加专业，频繁使用医学术语。

当医生进行科普图书创作时，也容易受到这种沟通习惯的影响。毕竟对于医生来说，大部分需要文字撰写的内容与论文和专业书籍有关。在医患沟通中，言语通俗流畅，但一旦转化为文字，很容易将严谨的逻辑置于可读性之上。因此，为了使本书内容达到科普读物的要求，在创作过程中我与作者随时沟通，逐章逐节地完善文字风格和流畅程度，并最终呈现出令人满意的结果。

三、倾心设计，使形式与内容相得益彰

关于这一点，我们首先需要讨论一个问题：在信息化时代，电子书蓬勃发展，为什么我们仍然需要纸质图书？其中一个重要原因，是在阅读纸质图书的过程中，读者可以感受到图书纸张的触感、淡淡的墨香等细节信息。所有这些信息对于读者的理解和记忆都是有价值的，而这些是电子

书所没有的。从这个角度上也解释了为什么许多读者认为阅读纸质书有更好的阅读体验。

因此,对于图书编辑来说,制作一本读者喜欢的书不仅仅要提供优秀的文字内容,还要在每一个细节上让读者获得更好的阅读体验。这些工作是编辑需要完成的,而作者可能不太熟悉这些工作内容。

具体而言,在创作《照进角落的光》这本书的过程中,我意识到这本书讲述的是医学史故事,时间跨度非常大,从远古时代一直延续到中世纪。许多读者对这段历史以及其中的医学故事并不熟悉。为了让读者有更直观、更良好的阅读体验,编辑需要在视觉呈现方面做许多工作。

此外,这本书对插图有很高的要求。我特别联系了一位从小就热爱绘画并一直从事绘画创作的医学博士,确保能满足科学性和艺术性的双重要求。在此基础上,我还积极参考各大图库,尽可能丰富书中的插图。经过这样的努力,最终《照进角落的光》在视觉呈现上取得了很好的效果。读者在阅读历史故事的同时,可以看到与内容高度匹配的文物照片和插图,从而保证了文字和图像的统一。读者会感到本书的各个内容形成了高度统一的整体。

四、用心思考,在出版过程中转变视角

在创作过程中,编辑和作者是直接参与的人员。但是在整个图书出版的过程中,读者才是最核心的。因为编辑和作者的所有工作和努力都是为了让读者满意。然而,在目前的流程中,最重要的人却被忽视了。在我看来,这是图书出版亟须解决的问题。

为了解决这个问题,最好的方法当然是进行充分细致的读者调研,去了解读者的需求。如果客观条件不允许,我们也可以采取其他方法。编辑应该时刻转变自己的视角,除了对文字进行规范的校对外,还要以读者

的视角审视文字内容,如果书中的任何章节或句子让我感到困惑和障碍,那么毫无疑问,它需要进一步完善。

这项工作需要足够的耐心和细致,还需要不断从不同角度去完善。幸运的是,作者认同并接受了我的观点。在这样反复的打磨和修改中,我们达成了良好的合作,并最终呈现出了令双方都满意的效果。当然,我们共同希望读者在阅读这本书时能有良好的阅读体验。

五、对于医学科普创作的感悟

伴随着科技的进步,医学的发展也突飞猛进。在我们生活的时代,这对每个人来说都是巨大的好消息,但这也意味着,普通老百姓理解医学的门槛越来越高。然而,医学又是每个人关心和需要的内容,这就形成了巨大的矛盾。如何让每个人都了解足够的医学知识,在自己面对医学问题时,需要进行医学决策时,能够做出正确的选择,便是每一个医学行业从业人员必须思考的问题。

这样的现状决定了,医学科普在当前阶段是极为重要的,甚至可以说是不可或缺的。对于医学专业的图书编辑而言,我们幸运地拥有大量优秀的医生作者。然而,医生兼具作者的身份也决定了,他们原本繁重的工作量变得更加难以承受。因此在医学科普图书的创作过程中,编辑不仅要在内容方面进行策划,更要寻找能够让医生作者能够接受的工作方式,在尽可能减轻作者负担的情况下,让他们能够更好地创作出更多更优秀的内容。

希望图书编辑和医生作者能形成良好的合作,让我们的医学科普事业蓬勃发展,迎来更好的未来。

整个世界和所有的知识都是联系在一起的
——评《照进角落的光：行走在远古到中世纪的医学》

孙　震

黎明来临之前，世界是黑暗的，当第一缕阳光开始照耀大地，世界的颜色才会逐渐展现。人类探寻知识的过程同样如此，混沌之中仿佛一块没有边际的彩色拼图，每当我们多了解一点点新的知识，这个世界就在我们的眼前变得更加完整一点。如果说科普作品是照亮人类求知之路的一束光，那《照进角落的光》无疑是其中绚烂的一缕。这本书以时间为脉络，讲述了从原始社会、苏美尔、古埃及、古希腊、古罗马直到中世纪的医学发展史。

一、这是一本"有联系"的科普

这本书讲医学发展，但又没有局限在医学的小圈子里，而是站在人类文明演化的角度，其中穿插讲了很多神话传说、名胜古迹和相关的知识，

孙震，公共卫生硕士，从事科研、教学工作多年。

这也是本书和其他的医学史类作品最大的不同,它不单单是说医学的历史,而是将与医学发展过程中任何沾亲带故的传说轶事都囊括其中,就像作者自己在书中说的那样:"我相信,整个世界和其中的知识都是联系在一起的。"

在今天这个互联网知识大爆炸的时代,获取知识的途径比过往要多得多。同样,在公众号、微博和短视频大行其道的年代,过于繁多的途径又让知识的获取变得非常碎片化,从各种途径获得的知识非常割裂,不仅容易让人产生困惑,甚至还会让人对知识的理解产生谬误。

比如在医学名词中有一个叫"海蛇头"的描述,指的是门静脉高压患者肚皮表面上静脉曲张的形态。初次听到这个名词的人脑海里浮现出来的第一印象应该都是一条弯弯曲曲的蛇的形象,似乎用来表现粗大的血管也没什么问题。可是真正的"海蛇头"并不是一根血管,而是很多根呈放射状的血管,就像是一捆根部连在一起的海草,或是一小坨煮熟了扔在桌上的方便面。

那么,这样看似完全不相干的命名方式是怎么来的呢?作者在讲希腊时期的医学史的时候提到,所谓"海蛇头"是中文的翻译,如果按照英文直译,应该叫"美杜莎的头"。美杜莎,就是希腊神话里那个看人一眼就把人变成石头的著名女妖,她头上每一根头发都是一条毒蛇,所以"美杜莎的头"就是"长满海蛇的头",这么一来是不是就非常贴切了呢?作者在讲这个故事的时候没有止步于此,他还讲到美杜莎的体内有两种血液,一种是致人死亡的毒药,另一种是起死回生的良药,当美杜莎被杀死以后,她的血液最后到了太阳神阿波罗的儿子阿斯克勒庇俄斯手里,这位神明也是古希腊的医学之神,他死后化作了天空中的蛇夫座,而他缠了蛇的手杖也在后来成为医学的标志,直到现在我们依然可以在很多医学院校和医院的标志上看到这个蛇杖。

从一个医学名词的辨析,到美杜莎,再到阿斯克勒庇俄斯和蛇夫座的来源,最后再由蛇杖回到现实中的医学本身,这一连串的描述,将一段小小的医学史和古希腊神话、文化史交织在了一起,这样的例子在书中还有很多,它们就像是历史长河里的小浪花,相互交融、相互影响,既让读者们了解了医学的历史,更感受到各个时期文化的魅力。

二、这又是一本"有好奇心"的科普

从前面的例子可以看出,在这本书中不管是神话、宗教、艺术,还是历史,只要是能够为讲述医学发展历史服务的线索,都能被作者信手拈来,并且"收拾得服服帖帖"。与其说是他对医学历史研究的热爱,倒不如说,作者拥有一颗对医学和对世界的好奇心,正是在这份好奇心的驱使之下,作者将散落在不同时期、不同学科当中的知识串联到一起,呈现在读者的面前。

我们原本都有一颗好奇心,在孩童的时候,我们总是对世界充满好奇,大如宇宙星空、人类起源,小到家庭工具的原理和生活小常识,充斥着无限的想象力和强烈的求知欲。可惜的是,随着年龄的增长,我们有时对于知识的追求变得越来越功利,在学习一项知识之前,往往更注重的是它能给我们带来什么现实的"好处",我们已经很少再因为纯粹的"好玩"而去探寻世间万物的联系,吸收新的知识了。

而好奇心,恰恰是很多科学研究的起点和原动力。在医学发展史上,很多重要的发现都是出自一些纯粹的好奇心理,以至于直到很久很久以后,人们才意识到这些发现的实用性。

例如,作者在书中提到了一位医学史上的重要人物——英国医学家威廉·哈维,他发现了人体的血液循环。这是一项跨时代的医学发现,因为在这之前,人们对体内血液流动的理解一直是基于古罗马医生盖伦的

"潮汐理论",即人体肝脏不断制造新的血液,由心脏泵射出去,当血液到达人体各处以后,就像拍到海岸上的浪花一样消失了。

哈维之所以质疑这样的学说,是因为他受自己在帕多瓦大学读书时的老师伽利略的影响,好奇地计算了心脏每天泵出的血液重量,发现是人体重的十几倍,而人一天不可能喝这么多水,所以只有一种可能,那就是血液没有消失,而是继续在体内循环。现在我们知道了这个伟大的理论,但是这在当时不仅没有引起医学界的注意,没有对人们医疗行为产生根本性的影响,甚至就连哈维本人也依然笃信着以盖伦的"潮汐理论"为基础的放血疗法。哈维的这个研究在当时可谓没有任何"实用价值"。与之类似的研究成果还有很多,比如浦肯野纤维的发现等,这些研究或许一开始就是出于研究者好奇好玩的心理,却在不经意间为后人推开了一扇通往光明前方的大门。

这本书写到了文艺复兴的前夜,也就是哈维刚刚露脸的时候就戛然而止,令人很有意犹未尽的遗憾。读者们肯定希望作者继续写下去,一直写到近现代医学的诞生和发展。但或许是因为作者想表达的观点已经阐述完毕了,于是他就暂时搁下了笔。

整个世界和所有的知识都不缺少联系,缺少的是一颗发现联系的好奇心。说完这句话,作者像一个顽皮的孩童一样,做了个鬼脸跑掉了。

书名:《10 天，让你避开宫颈癌》

作者:谭先杰 著

出版时间:2019 年 3 月

出版社:中国妇女出版社

所获奖项:

第六届"中国科普作家协会优秀科普作品奖"金奖

《10 天，让你避开宫颈癌》以对话方式将宫颈癌的防治知识进行全方位梳理，主要内容包括：科学认识宫颈癌、防控宫颈癌的三道防线、宫颈癌的科学治疗、宫颈癌疫苗的接种注意事项等。将宫颈癌防治科普知识和风趣幽默的对话相结合，使本书科普价值大大提升。

聊天产生的生产力
——《10天，让你避开宫颈癌》创作手记并浅谈健康科普

谭先杰

　　《10天，让你避开宫颈癌》是我 2016 年完成的章回体女性健康科普《子宫情事》（2023 年修订后更名为《话说生命之宫》出版，以下均称《话说生命之宫》）中关于子宫颈内容的拓展版，也算得上是我近些年来在这个领域开展科普的集成之作。

　　2016 年，完成《话说生命之宫》的撰写和出版后，我在全国各地开展了女性健康科普讲座，后来得到"中国宫颈癌防治项目"支持，赴各地开展子宫颈癌防治的科普讲座，题目均是《话说生命之宫》之"三道防线，阻击子宫颈癌"。2018 年，我作为主讲嘉宾在中央电视台科教频道"健康之路"做了三期科普节目《子宫故事》，以故事的形式串讲常见的女性健康问题。这三期节目作为当年中央电视台妇女节特别节目，播出后反响非常好，在当年的国庆节和后来几年前后 5 次重播。《子宫故事》的最后一期

谭先杰，北京协和医院妇产科主任医师，教授。

主要讲述子宫颈癌，一位劫后余生的宫颈癌患者嘹亮的歌声将节目推向了高潮。

粗算起来，到 2019 年新年之前，围绕"三道防线，阻击子宫颈癌"这一题目，我赴全国各地做了近百场女性健康科普讲座，以至于夫人问我，你到处去讲同样一个题目，厌烦不厌烦？我回答说一点儿都不厌烦。因为，讲者虽然是同一个人，题目也是同一个题目，但听众却是不同的。同样的知识点，多一个人了解，就可能多一群人受益。有些健康知识，有些疾病征兆，人们只有见过或听过，才会有这根弦，才会主动关注，也才有可能防患于未然。

客观地说，无论是"健康之路"里的《子宫故事》，还是科普讲座"三道防线，阻击子宫颈癌"，传播效果都非常好。尤其是现场科普讲座，归功于内容的实用性和讲演的趣味性，每次讲演都能达到手机时代罕见的效果——观众除了忙着拍摄幻灯片外，没有机会、也舍不得去翻看手机。一位朋友给我发信息如此评价：该静的时候鸦雀无声，该笑的时候笑声如雷，讲演全程无"尿点"！我不太懂尿点是啥，她解释说，就是没有人以上厕所为由离开。

夸奖总是鼓舞人心的，为了让科普内容的传播范围更广，我决定把关于子宫颈癌防治的讲演内容整理出版。在 2018 年年末一次谈话中，我向中国妇女出版社的新任领导保证，我会在两周之内把讲演整理成书稿，希望在来年的妇女节出版。

这是我惯用的伎俩——给自己立个小旗，或者说挖个坑儿，给别人设个限，目的是倒逼自己干活。因为，懒惰是天性，勤奋需外力。我轻松地认为，这个题目我讲了这么多遍，写起来不会有太大困难。

然而我很快就被打脸，我轻松得早了些。真正坐下来码字的时候，我才发现写成精彩的文字并不容易。因为，现场讲演是面对面交流，有抑扬顿挫的声调,有比较夸张的肢体语言,有引人入胜的小段子,的确可以把听众的注意力牢牢吸引住。但是,变成文字时,似乎并没有同样的效果。

更糟糕的是,鉴于医学知识的特殊性,无论使用怎样浅显的语言,也还是比明星的绯闻八卦枯燥无趣得多,对身体健康的女性,尤其是年轻女孩子,吸引力很成问题。有一次我带着刚下手术的疲惫到某大型单位去做女性健康科普讲座,听众都说效果特别好。但是讲完课路过一个办公室,该单位领导随口问一个年轻女孩为什么不去听课的时候,女孩子不屑地回答:"我健康得很,没有病,才不听呢!"

很多人都和这个女孩有同样的想法。怎样才能让我苦口婆心讲述的知识传达给更多的人,尤其是最容易遭遇宫颈癌的年轻女性呢?冥思苦想,梦寐求之。

有人说,女孩子喜欢看漫画,漫画的形式很好。的确,通过漫画做科普有不少先例,内容会活泼很多。但问题是我除了在手术记录中能画示意图说明问题外,绘画水平极其有限。如果请专业画师,我的经济能力又有限。而且我认为,讲到比较深的医学问题时,漫画可能同样表达困难。再则,出版周期会较长。

有人说,女孩子喜欢看古装剧,比如《甄嬛传》,穿越也许是一种不错的形式。但是我固执地认为,关于宫颈癌防治的科普,如果穿越回古代,从古人口中说出现代的专业词汇,未免搞笑。

有人说,要不就不写书,录成一段一段的视频在网站发布,效果更好。很多同行都开始做短视频,但我对通过短视频做医学科普一直持谨慎态度。因为短视频喜欢简单、直接、粗暴,这样才能吸引眼球,而医学问题很多时候没有那么绝对。而且,短视频对颜值和普通话都有较高要求,两方面我都没有竞争力。我一直认为,文字是有温度的,但到底怎么在"书上"讲故事,我一直没有思路。

直到有一天,我从微信群的聊天中突然得到了灵感。在全世界人都低头看手机刷微博、微信的时代,微信群聊的方式,可能更为活泼。是的,都知道单口相声最难,对演员要求最高,一不小心观众就都借机去上厕所了。而对口相声和群口相声的难度就要小很多,也要活泼很多。

讲述形式这一关键问题确定后,后面的工作就相对容易了。

我真的是用了十天的晚间时间,一口气把初稿写完了,一共20篇。

然后是设定角色,很关键,也很有意思。和写剧本差不多,不同角色的任务不同,性格也不同。在这本讲述宫颈癌防治的书中,我希望有的角色是充当小白,快人快语,提一些比较浅显的问题;有的角色善于思考,话语不多,但提的都是比较深刻或者尖锐的问题;有的角色本身有一定医学知识,关键时刻甚至可以帮助解围;还必须有一个乖巧活泼、人见人爱的角色,提一些奇奇怪怪的问题,活泼气氛。当然,群里一定要设一个"纪委书记"的角色,维护课堂秩序。

最后,需要有一个引子或者一段故事来说明为什么这四个学生会乖乖地听阿谭老师我聊子宫颈癌防治知识,而且一聊就是10天?!这就需要编故事了。我很少编故事,因为编故事需要高智商,一不小心就会漏洞百出。

但这次我拼了!也编,编,编!

或许真的冥冥中有天意,那段时间正好朋友送了我一本意大利作家乔万尼·薄伽丘的现实主义名著《十日谈》。作品讲的是1348年,意大利佛罗伦萨瘟疫(黑死病)流行,10名男女在乡村一所别墅避难,终日游玩饮宴。为了打发时间,他们每人每天讲一个故事,共住了10天,讲了百余个故事,批判教会,赞美爱情。受《十日谈》的启发,我编纂了一段虽然离奇,但又合情合理的故事,一段发生在川藏线自驾游遇困的故事。

我编完故事后发给几位笔友看,他们都说故事好惊险,但都问我是什

大勇：男，体育特招生，生理知识几乎没有，总是打岔或者理解错误。

小艾：女，医学院学生，能解答一些简单的问题，常会提出比较专业的问题。

文静：女，历史系学生，话比较少，但有时也会刨根问底。

菲菲：女，艺术学院学生，活泼好问，关心且担心会得宫颈癌。

么时候的事情，说新闻上从来没有报道过。这些反馈让我觉得引子部分完全可以过关了，只需要在文末加上一句"引子纯属虚构，仅为引出科普场景"即可。

我自己在书中是位医学专家，科普网红，喜欢自驾，好为人师。坦白地说，对比我小二十岁的年轻人的阅读心理和说话习惯，我的确没有把握。同样的意思，他们可能有他们习惯的表达。因此，我需要请真正的年轻人来订正。于是我振臂一呼，招募了北京协和医学院的四个学生，他们是钞晓培、高粹、钱龙、林敏。作为志愿者，他们对文稿进行了全面审阅，把自己的角色和现代语言包括部分网络语言融入书中。

书中有很多插图，还有很多段子，未必都是水分。在讲课的时候，图片和段子会抓住听众的注意力；在书中，它们同样会吸引人继续读下去。

我姓谭，本来准备投机取巧，将本书取名为《子宫颈癌十日"谭"》，但又觉得太学究，因为未必有多少人读过《十日谈》。最后听了几个志愿者学生的建议，取了这个正能量满满、第一眼看起来完全是"吹牛"的名字——《10 天，让你避开宫颈癌》。吹牛就吹牛吧，在很多方言中，吹牛的中性含义就是聊天，而本书的形式正好就是微信群聊，妥妥的"吹牛"。

随后，我将书稿呈给我的导师——中国工程院院士郎景和教授审阅，得到了很多宝贵建议，还获赠一幅墨宝。好东西不敢独享，收录书中，与读者分享。

2020 年 11 月 18 日，世界卫生组织发布了《加速消除宫颈癌全球战略》，提出要在全球范围内消灭子宫颈癌，让我们拭目以待吧！当然，从大的方面，我希望十几年后，女性都能避开宫颈癌。从小的方面，我希望这本专讲宫颈健康的《话说生命之宫》抽印本流传得越广越好。

有人说，聊天产生生产力。《10 天，让你避开宫颈癌》正是通过聊天的形式，让科普变得生动活泼、趣味横生。诚然，短短十天的聊天，不可能让宫颈癌成为传说，真的是"吹牛"。但是，希望十几年之后，宫颈癌真的成为传说。那时，我正好退休，真的可以去川藏线自驾游了。

这就是《10 天，让你避开宫颈癌》的创作经过。

我还想借此机会谈谈健康科普的特殊之处。

《"健康中国 2030"规划纲要》指出,普及健康知识,提高全民健康素养,是提高全民健康水平最根本、最经济、最有效的措施之一。健康知识普及行动被列在了 15 个专项行动的首位。然而,结合《10 天,让你避开宫颈癌》《话说生命之宫》的创作历程,个人认为健康科普有其特殊之处。

首先,健康科普的内容特殊。非医学类科普的内容有自然探索,如深空、深海、深地探索,或者动植物。这些内容要么在空间上离我们遥远,如银河系、河外星系;要么在时间上离我们遥远,如侏罗纪、三星堆、夏商周、秦汉唐;要么与我们种属关系遥远,如恐龙、花鸟鱼虫、飞禽走兽等。科普这些知识的时候,不太需要考虑人的感受,只要不犯原则性错误即可。健康科普的内容是疾病或生理现象,在以故事和案例的形式进行科普时,需要注意保护患者隐私,否则会给病人带来二次伤害。在这方面,个人经验是将患者的年龄、住地、就诊时间等进行移花接木处理后发给患者审阅,得到患者同意,确认不会给他(她)的生活和工作带来负面影响后择机发布。

其次,健康科普容错性小,众口难调。相比其他学科的科普,健康科普需要更为严谨,因为涉及健康和生命,差之毫厘,谬以千里。而且,医学知识多半枯燥艰深,没有得病的人,不想看;同行之人,觉得瑕疵多多,不忍看。

再次,健康科普受众受限。一般科普的重点受众是青少年,但健康科普很难将青少年作为重点人群。一是他们通常身体健康,缺乏获取相关知识的愿望。二是相对于游戏和短视频,健康科普显得乏味难懂。据了解,当前学校健康科普内容主要是用眼健康、脊柱健康、青春期健康等,都需要作为任务灌输,孩子们缺乏主动性。这就要求健康科普工作者不断提高创作水平,创新传播形式,才能激发他们的兴趣。

最后，女性健康科普还有特殊之处。狭义的女性健康指的是女性生殖健康，通常被称为妇人问题或妇科问题，多半被划归"儿童不宜"范围，不适合在大庭广众下讲授，即便权威媒体，也会避而远之。某权威媒体曾邀请我做一期面向青少年的节目，但了解到我准备讲解孕育人类生命的重要器官——子宫及其健康问题后，断然拒绝。

实际上，和青少年一样，女性也是科普的重点人群。因为，女性是家庭的核心，其健康不仅关乎女性自身，还关乎家庭幸福、人类繁衍和社会进步，尤其是在当前我国老年化日益严重，出生人口持续下降的严峻人口形势下，"关爱妇女，保护母亲"，维护好承载人类繁衍的物（子宫）和人（女性）的健康，至关重要，是对"生命至上"重要指示的贯彻执行。

可以说，健康科普，任重道远。然而古人云："道阻且长，行则将至；行而不辍，未来可期。"对我自己而言，先后创作出版了《话说生命之宫》《10天，让你避开宫颈癌》，并十年如一日围绕作品开展女性健康讲座，真切地感受到了健康科普的重要性及苦与乐，于是填写《清平乐·健康科普》作为总结。

一体两翼，科普殊非易。

深入浅出释道理，偶尔标新立异。

生命至上为纲，预防为主良方。

科普先行善策，神州大地安康。

书名：《医学的温度》

作者：韩启德　著

出版时间：2020 年 10 月

出版社：商务印书馆

所获奖项：

第七届"中国科普作家协会优秀科普作品奖"特别奖

《医学的温度》是中国科学院院士、中国科协名誉主席、著名病理生理学家韩启德以"医学的温度"为主题，结集了近些年对医学的本质、医学史、叙事医学、精准医学等的人文思考，阐述了对癌症、传染病、中医、死亡等的独特看法，对癌症应该早发现、早诊断、早治疗等人们习以为常的医学观点提出质疑和建议，对全速发展的现代医学技术及其发展方向进行重新审视，提出应回归以病人为中心的价值医疗、不能忘记医学的来路和归途等观点。本书对人们重新认识现代医学乃至重新认识自我都极具启发意义。

医学价值与价值医学
——读韩启德《医学的温度》*

王一方

乍一看书名,许多读者或许会将这本书的主题与内涵局限于就医感受的冷暖与温凉,医患关系的疏离与和谐,不过,这些问题只是表象,韩启德先生的睿智与深刻在于直击医学的价值与价值的医学。此处绝不是玩文字游戏,韩先生书里有两个价值在交争,前者与后者的语义与境界有别、尺度与诉求殊异,前者追求有用、有效、有理的工具理性,后者追求有根、有德、有情、有趣、厚道的价值皈依,可以这么说,前者只是医学的职业价值,而后者则嵌入了人性、人道、人文等人类价值夙愿,意在叩问人类价值光谱中的医学该何去何从。

《医学的温度》篇幅不大,属于大师小书,收录韩先生近年来发表的文章 20 篇、序跋 2 篇、正文 18 篇。全书分三辑,第一辑为主干,有 10 篇文

* 科普创作评论,2022,2(01):83-86.
王一方,北京大学医学人文研究院教授。

章，论及医学大趋势及现代性反思；第二辑谈学科嬗变与生死母题；第三辑谈职业主体意识与人文精神追求。

叩问医学的温度，隐含着对诊疗失温的警觉，而失温的背后是人文价值的失焦、失落，工具理性的盛行。可以说，"高冷"是现代医学现代性的标志，真可谓"高处不胜寒"。对此，前辈大师早有洞悉。韩先生在书中谆谆告诫人们，应该向历史求答案，要探究医学现代性之谜，必须去研究医学史。联想到他 2017 年从领导岗位上退下来之后，在北大筹建创设科学技术与医学史系，并亲自出任首任系主任，新身份的第一场校园公开学术演讲的题目就是《医学是什么：从历史演进看医学的现代困惑》（书中收录了该演讲稿），大有深意。无疑，史学化、人文化、哲学化是许多大科学家晚年的三大觉悟与转型方向，类同于白石老人艺术风格上的衰年变法，别有洞天，改写了个人的学术轨迹和境界。很显然，韩先生研读历史、书写历史、讲述历史，不是发思古之忧情，而是借此来透视医学的真谛与现代医学的价值遗缺，更加精准地丈量科学、技术、医学互动中进步的价值风标，洞悉现代医学的来路与前路、初心与皈依。

智者同忧，睿者共识，医学史家罗伊·波特曾在《剑桥医学史》中不无沮丧地抱怨："人们从来没有活得这么久、活得这么健康，医学从来没有这么成就斐然。然而矛盾的是，医学也从来没有像今天这样招致人们强烈的怀疑和不满。"20 世纪 60 年代，美国新罕布什尔州达特茅斯学院曾举办一场"现代医学的良知问题"研讨会，会议主席是微生物学家勒内·杜博斯，此前，他出版了一部质疑现代医学的专著《健康的幻影：乌托邦、进步和生物学变化》，会议规模不大，但与会者声名显赫，有牛津大学荣誉内科教授皮克林爵士、时任 WHO 总干事齐索姆斯、美国神经外科学奠基人怀尔德·彭菲尔德、著名内科学家麦克德莫特、诺贝尔生理学或医学奖获得者遗传学家赫尔曼·约瑟夫·穆勒、美国总统科学技术顾问基斯佳科夫斯基等科学家,以及《两种文化》的作者查尔斯·珀西·斯诺和《美丽新世界》的作者阿道司·赫胥黎等人文学者。会议首次发出医学遭遇现代性危机的警讯,缘于医学技术的长足进步带来健康乌托邦的幻觉,越来越多的专家认同技术万能、技术决定论,相信技术进步将解决一切人类疾苦问题,甚至逼退衰老与死亡。与会者提醒世人思考理性的医学如何在科学实在与生命存在、技术与人性之间保持张力,让医学真正回归人性,而不是任凭技术主义的惯性去泯灭人类良知。当代医学思想史家詹姆斯·勒·法努在其专著《现代医学的兴衰》中回顾了现代医学的百年飞跃。在他看来,正是科技革命,尤其是大科学、大药业催生了新技术的不断涌现,使得临床医学演化为临床科学,临床医生演变为医学科学家、技术工程师,病人成为受试者,技术至上、观察至上盛行,必然带来医学的去神圣化、去主体化、去情感化,滑向对象化、客体化、数据化。医疗逐渐偏离了救死扶伤的目标,大药业主导诊疗指南与临床路径,检查、处方越来越多,越开越长。于是产生四大悖论:医学做得越多,医生受到质疑和责难越多,医学污名化,医生妖魔化越甚,医患关系越紧张;医疗技术越进步、越精致,健康知识越普及,老百姓误解越多,社会对健康越焦虑,对医疗安全越恐惧,在死亡面前高技术也是无效技术,无法阻挡死神的脚步,只会让濒死的痛苦延长;现代医学越发达,人们对替代医学越热衷;高技术越普及,卫生费用支出及家庭负担越沉重,因病返贫的落差越惨烈,穷生富死越严重。因此,全社会豁达的疾苦观、生死观、医疗观、福利观的确立就显得十分重要。

披览全书,不难发现,韩先生并不拘泥于以往经验,也不满足于先辈的思辨向度、深度与结论,发愿用自己的思想烛火照亮医学发展的来路与前路,为医学反思续写当下的篇章。无疑,现代医学提速增效,犹如驶上高速公路的跑车,各位新老"司机"尤其需要打起精神,紧握方向盘,脚底板在油门踏板与刹车踏板间交替。在韩先生看来,科学是一辆极速赛车,不仅需要改善功能,也需要时常检查刹车和倒车性能,就人类价值而言,这才是福祉所在。对此,许多科技激进主义者并不认同,他们基于"应然—必然"逻辑行事,仿佛手中有了"榔头"(新技术),满眼都是"钉子"(靶点),都要"敲打"一番。在医学领域,一些任性的"创新"不仅造成患者利益受损,还将导致科技伦理的危机。2018年,基因狂人贺建奎违规从事"基因编辑"就受到了法律与道义的惩处。科学共同体对此类问题也越来越警觉。有鉴于此,韩先生在书中再次强烈呼吁:敬畏生命,回归以患者为中心的价值医学。

在韩先生的书里,倡导人类价值为先的医学目的、使命,不是高头讲章,而是贴近医学实践的思维导引、认知工具,从这一视角出发,他辩证地审视了癌症"三早"(早发现、早诊断、早治疗)理念;深入剖析"中国版"过度诊断、过度治疗的内在根脉、悖论;对当下流行的循证医学、精准医学进行了理性分析;对新兴的叙事医学倾注最大的热忱予以培植、引领;九九归一,他还对生死母题进行了富有哲思的叩问;最后,阐述了以"厚道"为皈依的医学职业情怀。

肿瘤的高发、难治、预后不佳,导致"三早"防癌、治癌理念的滥觞,无论是普罗大众,还是专业人士,都对此深信不疑。作为病理学家的韩先生却扛起了"反思"的大旗。殊不知,肿瘤是一个大的疾病种类,发生发展的规律并不一致,有陡进型,也有缓进型,还有一些"惰性"癌,也称"懒癌",如前列腺癌、甲状腺癌,一些中老年的病程延续期甚至超过剩余生命预期,完全可以听之任之,不予理睬,因此,不能一概以"三早"而论治。随着医疗检验技术的长足进步,"早发现"步入"是癌非癌"的灰色地带,譬如,PET-CT这类高分辨检测仪器的普及,加上中老年体检频次的增加,许多肺部的"毛玻璃"征象被筛查出来,是继续观察,还是需要立即手术切除？是保守应对，还是激进应对？医患双方都在纠结。癌症普查还带来假阳性病例的涌现，假阳性病例不仅是陪绑者，甚至还因此无端接受了手术与药物治疗，而且"帽子好戴不好摘"，甄别假阳性需要更大的勇气、更多的专业资源投入。因此，"三早"理念需要因病制宜、因人制宜，不可不分青红皂白，否则不仅会造成医疗资源的极大浪费，还让许多疑似患者受到无端与过度伤害，得不偿失。在中国，过度医疗的滑车许多都是因为"三早"而启动。

医学界一直强调"求真务实"，逻辑实证主义思维主导了临床与科研的全程，凡事拿证据来，有一分证据说一分话，成为医学界的"铜规铁律"。对此，也要辩证地应对。一方面，医学是人学，有情感、心理、社会因素的投射。疾病不只是仪器的测量结果，而是病人的主观不适；疾病不是非黑即白的客观事实，而是存在诸多灰色地带的人为判读。更重要的是，医疗行为不是客观中立的技术应对，而是包含商业算计的消费行为，医方存在巨大的自由裁量权，由此而言，客观性与主观性，理性与感性，必须保持张力，而不能刻舟求剑，死守规范。书中，韩先生列举了高血压诊疗的认知案例，高血压仅仅只是一个危险因素，不加控制可能造成卒中的危险，但正常血压如何界定？理想血压、标准血压、临床血压，存在着认知差别，一味地追求理想血压，势必造成大规模防治格局的利益化漂移；使用进口药，还是国产药，在防治效果上差别不是很大，但卫生资源利用效率、患者可承受性评估则存在巨大的落差。因此，韩先生劝导我们，要讲证据，但不能唯证据论，要探索中国人口特色的疾病证据体系，继而形成适合中国患者的临床诊疗共识，不可将生命中的危险因素都放大成为疾病，最大限度地凸显"患者为中心"的价值诉求，而决不能被医药利益集团所裹挟。*"循证医学不限于技术层面，甚至不限于经济和社会层面，而是关乎医学根本宗旨和目的。"*

　　20世纪医学需要检讨的地方不少,核心是技术之上,使得医学远离人文,医学与社会的隔阂、误解加大,部分医者见病不见人、懂病不懂人、治病不治人,过度医疗愈演愈烈,医学深陷市场魔力场而不拔,医患关系恶质化,究其根本,就是医学初衷的褪色,医学目的的漂移,解决之道是回望初心、回归人文,但这一份回归需要路径,需要思维矫治,韩先生敏锐地捕捉到"叙事医学"对医学现代性危机的疗愈价值,于2011年11月4日,在北京大学举办了第一次"叙事医学座谈会",热情地将叙事医学的新理念、新方法推介给中国医学界。无疑,患者来到医院,求助于医生,动因是痛苦的体验,叙事医学创始人丽塔·卡伦因而将医学的目的由"救死扶伤"转变为"理解、回应患者的痛苦",缘于此,医生不仅需要找证据,做决策,还需要听故事、讲故事,在故事里寻找人类苦难的根源,继而共情、反思、建构医患和谐关系,从全人维度帮助患者走出痛苦和疾病,同时,也接纳痛苦与死亡。经过韩先生的鼎力推动,如今,叙事医学的幼苗已经育成一片小树林。未来将长成参天大树,探索、创新中国式的"技术-人文双轨诊疗模式"。

　　精准医学是近年流行于医学界的时髦概念,源自"人类基因组计划"的先期成果,也是美国前总统奥巴马任内的两项医学攀登计划(精准医学、脑科学)中的一项。美国在这一项目上投入不大,但后来被推崇为前沿医学的标杆,一些科学家闻风而动,募集大量的资源,拉出一幅决战前沿的态势。对此,韩先生头脑很清醒。一方面,生命是一个巨大的复杂系统,存在着永恒的不确定性,如同"芝诺悖论",医学只能不断逼近精准,而不能抵达终极精准,且在生命境遇中,没有绝对精准,只有相对精准,两者之间保持着一定的张力。更重要的是,在当下,基因层面(生物大分子)的探索与系统层面(如脑肠轴、身心交互)、器官层面(多学科协作)、细胞层面(细胞组学、蛋白组学)的探索各有优势,研究的战略布局不应该偏废,厚此薄彼，否则必然造成医学研究生态的失衡。

价值医学的"引擎"不只在专业技术的修炼，更在"厚道"医风的养成。在北京大学医学部创建 100 周年纪念会上，韩先生以"厚道"为题，系统阐述了他的医学教育思想，厚道有两个基点：一是人格锻造，利他、纯粹，有爱心、有责任；二是学术风范的养成，闳阔、深邃，有学识、有见解。人们常常以"桃李芬芳"来形容门下弟子辈出，而在韩先生心中，桃李固然绚烂，却不及胡杨那般坚毅、坚强，它傲然于天地苍穹之间，耐得住风霜与干旱，历千年而不死、不倒、不朽。

韩先生很景仰冰心老人，多次在师生聚会的场合朗读冰心老人的一段温馨的散文："爱在左，同情在右，走在生命之路的两旁，随时撒种，随时开花，使得这一径长途点缀得香花弥漫，让穿枝拂叶的行人，踏着荆棘，不觉得痛苦，有泪可挥，也不觉得悲凉。"念到动情之处，他神圣而慈爱的身形定格为一座大山。

书名:《**活出健康:免疫 力就是好医生**》

作者:王贵强　王立祥

张文宏　主编

出版时间:2020 年 4 月

出版社:人民卫生出版社

所获奖项:

第七届"中国科普作家协会优 秀科普作品奖"金奖

《活出健康:免疫力就是好医生》一书 由中华医学会感染病学分会主任委 员王贵强教授、解放军总医院第三医 学中心急诊科主任王立祥教授以及 复旦大学附属华山医院感染科主任 张文宏教授主编,王陇德院士、钟南 山院士、李兰娟院士三位院士审核, 获得了中国中央广播电视总台知名 主播白岩松倾力推荐,旨在引导公众 通过实践健康生活方式,正确认识并 获得免疫力。

从"抗疫"科普到"中国好书"
——《活出健康：免疫力就是好医生》编辑手记 *

成丽丽

　　2020 年初新冠疫情来势汹汹，在全球迅速蔓延。疫情的暴发使我国全民进入紧急防疫抗疫状态，如何让人们对新冠疫情产生科学的认识，理性防疫，成为应急科普的重要任务。国内很多出版社对此做出快速反应，优化出版流程，缩短出版周期，与疫情较量，与时间赛跑，加速推出防疫抗疫类出版物。作为医学科普出版人，更应当深入挖掘市场需求，趁势打造出叫好又叫座的精品力作。在这样的形势下，人民卫生出版社于 2020 年 4 月出版的《活出健康：免疫力就是好医生》（下文简称《活出健康》）取得了良好的市场反响和社会认可。本文以《活出健康》编辑策划出版过程为例，探讨健康科普图书编辑策划出版和传播的方法，以期与广大同道交流，起到抛砖引玉的作用。

＊ 科普创作评论，2022，2(01)：78-82.
　成丽丽，人民卫生出版社总编辑总经理办公室主任，编审。

一、具备敏锐意识，选准切入角度

健康中国早已成为国家战略。为了树立"大健康"理念，《"健康中国2030"规划纲要》《健康中国行动（2019—2030年）》文件分别于2016年10月25日与2019年7月15日先后颁布。该理念不只包括"治已病"，更包括预防为主"治未病"，这也是推动"以治病为中心"向"以人民健康为中心"转变的核心。预防是最经济、最有效的健康策略，希望每个人都绷紧一根"健康"之弦，成为自己健康的第一责任人。近两年来，我们从"由前端入手，全方位干预健康影响因素""一个都不能少，全生命周期健康覆盖""决战健康杀手，防控重大疾病"三方面，相继策划了《健康中国人行动手册》《全民健康学院系列》《院士开讲系列》等健康中国行动图书选题。

《活出健康》一书的策划灵感来源于新冠疫情，但立题角度直指"大健康""全人群"。疫情来袭，我们关注到这样一种现象：身处同样的环境，有人被病毒感染了，有人却安然无恙；感染同样的病毒，有人命悬一线，有人却毫发无损。在当时还没有疫苗和特效药物的前提下，"免疫力"成为新冠疫情暴发以后网络上、生活中大家关注度最高的词汇。除此次新冠疫情外，我们未来仍会面临未知的疾病和潜在的健康危险因素。如今社会经济与科学技术飞速发展，人口老龄化问题日益凸显，疾病谱和医学模式都发生了很大变化，不仅有危害巨大的新发传染病，更有给人们身心健康造成主要影响的慢性病。人们多坐少动的生活方式、紧张且不规律的生活状态、不合理的膳食模式、烟草和酒精的滥用等，都是导致免疫力低下的直接原因。长远来看，改善免疫力不仅仅是疫情防控常态化的必要条件，也是建设"健康中国"的必然要求。

最终，选题的立意、角度，在编辑与作者反复的探讨、碰撞后确定下来：做一本关于如何改善免疫力的科普书，引导大众形成合理膳食、适量运动、戒烟限酒、心理平衡的健康生活方式。

二、"搭骨填肉",精益求精

《活出健康》一书在内容构架时也几经波折。到底是以"病原生物—免疫—免疫系统—免疫力"为纵向线索来写,还是以免疫力为圆心横向扩展到生活中的方方面面?编创团队众说纷纭。如果纵向来写,这本书大概率只适合具有一定的知识背景,愿意学习跨专业知识的人群;如果横向来写,贴近生活并兼顾专业知识普及,会让大众都能够从中受益。经过反复推敲、全面考虑,最后决定让这本书对"免疫力"进行多维度解读,不仅能够让大众全方位地认识免疫力与健康的关系,更要给出在日常生活中改善免疫力的切实可行的建议。全书围绕免疫力展开叙述,涉及饮食、运动、心理、睡眠等与免疫力相关的内容,涵盖日常生活中衣食住行的方方面面。

骨架搭建完成,就要考虑如何才能有血有肉。为做到内容贴近生活,基本上覆盖全人群的健康需求,在书稿的撰写阶段,作者和编辑在图书内容的科学性、启发性、实用性方面反复推敲。

1. 科学性

科学性是健康科普作品的根基,一旦根基不牢,科学性上有失偏颇,就失去了作品存在的价值,甚至会对大众产生误导,造成无可挽回的负面影响。为了让健康科普作品的科学性得到根本保障,需要严格把握创作者团队的专业性。《活出健康》一书于选题策划之初,就筛选在免疫、感染、营养、运动医学、睡眠等领域最为优秀的专家,只有这样才能以专业立权威,为作品的科学性打下坚实的基础,向大众传播可信赖的健康科普知识。同时,本书在编创阶段,作者和编辑始终遵循循证医学理念,紧跟相关学科的前沿和进展,以最成熟的、最广为认可的理论为指导构建图书的内容,确保内容的科学性。如在运动与健康部分,不再强调单次运动时间必须达到一定标准才能获得健康收益,而是采用更为科学的"利用碎片时间进行运动,每次运动的时间最短 5 分钟,最长不要超过 1 小时。成年人每周进行中等强度有氧运动 150～300 分钟,或者高强度有氧运动 75～150 分钟"这一观点以指导大众进行运动。正是因为采用了科学的理论作为内容支撑,才能从根本上扭转大众因为无法达到单次有效运动时间而放弃运动的误区。以对科学性的敬畏和重视为基础,才能成就一部优秀的健康科普作品。

2. 启发性

图书的内容如果仅仅是就问题谈问题,无法从科学启蒙的角度培养大众的科学思维方式,就如同仅"授人以鱼",新问题产生后,仍会反复出现"造谣一张嘴,辟谣跑断腿"的局面;反之,如果既包含了具体的健康科普知识,又包含了针对大众的科学思维的建立和培养,就如同"授人以渔",让大众学会自我思考,提升辨别能力,让健康谣言再无可乘之机。本书从 10 个和免疫力息息相关并为大众所知的小故事入手,采用通俗的比喻和形象化的描述向大众介绍了复杂的免疫系统,让大众对"免疫力"建立感性认识,同时在此基础上,逐步形成理性认识,之后再阐述改善免疫力的方法,包括疫苗接种以及人群免疫的建立,更易于大众理解。同时,这些故事不仅生动易于理解,更重要的是体现出了免疫力是怎么被科学发现、通过实验证实的,从而引导大众对与"免疫力"相关的问题采用科学的思维进行主动思考,这种思维方式一旦建立,就可以触类旁通,在其他领域同样采用科学思维方式思考问题,进而提升大众的科学素养。

3. 实用性

我们传播健康科普知识,是要让大众在掌握知识的基础上进行健康实践以达到健康状态,所以就健康科普传播而言,应当做到理论与实践并重,甚至实践重于理论,这就要求作品具有很高的实用性。在这本书的编创过程中,我们力争将医学知识转化为通俗易懂且实用的方式方法。例如,以"实用性"为抓手,提炼出了睡眠部分的撰写思路,即不再过多陈述睡眠对于免疫力的重要性,而是从生活中挖掘影响睡眠的方方面面的因素并给出解决的意见,诸如增加挑选合适的枕头及寝具等生活小妙招。再如,在介绍心理与免疫力的关系时,作者初稿阶段的写作重点是"压力的认识以及应对",理论叙述过多,而能够让大众自我调节的方法叙述较少。在优化的过程中,作者增加了自我身心调节内容,比如气球纾解技巧、腹式呼吸、渐进式放松、蝴蝶拍、正念减压等,使图书内容的实用性得到了大幅提升。

三、放大融合传播整体效应

健康传播就是为了目标读者能及时获得健康科普知识,同时能接受作品传达的知识、技术和方法,通过有效沟通实现以作品影响读者的目的。图书经过作者与编辑的共同精雕细琢,只是完成了第一步,还要得到广泛的传播才能真正起到普及知识的作用。信息化时代,我们要充分利用新媒体,克服科普作品的时空限制,满足大众在不同生活情境下的知识需求,实现科普作品作者和大众读者的双向交流,使其产生更大的价值。自新冠疫情暴发以来,多家数字平台用户数量较以往增多,用户在线使用时长明显增加。出版社需要各尽所能地向读者提供优质电子书、有声文化、在线教育、知识服务等资源,满足大众日益增长的文化刚需和急需。在《活出健康》出版后,编创团队首先通过学习强国平台、中国网、央视网、人民日报健康客户端等多家国家级权威媒体进行广泛宣传,并将书中部分内容进行了授权转载,学习强国平台单平台阅读量近 40 万,各个平台累计授权转载阅读量超 100 万。电子书在当当、京东、掌阅等平台上架,取得了不俗的销量和良好的用户反馈。为了更好地讲述书中介绍的改善免疫力的健康科普知识,编创团队也以图书内容为基础开展了"免疫力就是好医生"系列直播活动,累计观看人数近400万。

四、健康科普出版启示

1. 相时而动,乘势而上

新冠疫情暴发后的一年时间里,全国各类出版机构推出抗击新冠疫情纸质图书、电子书、折页、绘本、漫画、挂图等出版物570余种,内容涵盖新冠防护、心理疏导、疫情文学等多个领域。同时,出版社借助数字化阅读和新媒体传播,转战线上,破解了疫情带来的出版发行线下工作推进的困难。以《活出健康》为例,首印1万册后的半个月即提起重印,截至2022年3月已经重印十多次。但是反观在新冠疫情之前曾出版的有关"免疫力"的书籍,却市场表现平平,尽管书与书之间必有差异,但无法否认我们抓准了大众此时的需求。所以,科普出版工作要把握形势,乘势而上,以实现社会效益与经济效益双赢。

2. 着眼未来,远虑深思

突发事件、社会热点一直是我们传播人的重要关注点,但是,我们更应该长远考虑,如何使作品为推动社会发展、推动时代进步作出贡献。《活出健康》在选取立题角度时,编创团队中争论激烈:着眼新冠疫情防控更加符合当下热点,但是随着疫情得到有效控制或疫情防控工作常态化,这本书就会很快显得"过时"了。所以,在建设健康中国的过程中,健康科普工作要想承担起新时代历史使命,发挥重要作用,我们的选题方向就要着眼未来。出版者更要关注健康科普出版选题未来的突破重点:深入开展爱国卫生运动;促进全民养成文明健康的生活方式;加强健康教育和健康知识普及,如树立健康饮食风尚,开展控烟限酒行动,坚决革除滥食野生动物等陋习,推广垃圾分类投放等生活习惯。

3. 各有所长，携手共谋

新冠疫情中，医护人员的无私奉献使大众感受到"医者仁心"，某种意义上来说，这种对医护人员的尊重为未来的健康科普工作做了更好的铺垫。但是健康科普的战线上不只有卫生健康工作者，具有医学专业背景的科普编辑也是一支非常重要的生力军。编辑能够为作者修补缺漏、为读者站岗把关。只有作者与编辑共谋才能产出更好的健康科普作品。《活出健康》中的常见养生中药点评部分，作者对养生中药进行了剂型、功效等常规介绍。审读后，编辑建议写出常见养生中药的适应人群、禁忌证等，以帮助读者更好地把握养生中药的使用原则，不扩大使用范围，不在无适应证的情况下滥用养生中药。这个建议得到了作者团队的广泛认可。针对书中的部分内容，如运动、中医养生等，在编辑的建议下，作者专门制作了富媒体内容，大众通过扫描页面内的二维码，即可观看运动指导视频以及中医舌象判断和取穴图片等，使图书的内容在深度和广度上都得到了延伸。在编辑和作者的不断沟通之下，图书内容也在不断优化，最终形成了这样一本内容循序渐进、实用性强的健康科普图书。

卞毓麟先生曾说："科普，简略地说，就是以'科'为基础，以'普'为目的的行为或活动。科普作品则是以作品形式表现的科普活动。"健康科普是以科普的方式将健康领域的科技知识、科学方法、科学思想和科学精神传播给公众，旨在培养公众健康素养、学会自我管理健康的长期性活动。其目的是让每个人真正成为自己健康的第一责任人，将从"以治病为中心"向"以健康为中心"的转变落到实处。在全面建设社会主义现代化国家的新征程上，健康中国事关每一个中国人和家庭的福祉，时代呼唤大量的健康科普优秀作品，这需要作者和出版者以高度的时代责任感和使命感，不断提升作品的科学性、专业性、原创性、实用性、传播有效性、引领性，从而为健康中国建设凝聚起更强大的文化力量。

书名:《致命的伴侣:微生物如何塑造人类历史》

作者:[英]多萝西·H.克劳福德 著;艾仁贵 译
出版时间:2020年11月
出版社:商务印书馆

所获奖项:
第七届"中国科普作家协会优秀科普作品奖"银奖

《致命的伴侣:微生物如何塑造人类历史》论证了微生物体对人类历史进程的作用和影响,人类与微生物体是相伴相生的关系,当我们越是想尽一切办法去消灭它们时,它们往往能够产生耐药性和变异,愈演愈烈,所以我们需要做的不是去消灭它们,而是要学会互相适应彼此的存在。克劳福德对人类历史和微生物史的独特视角,非常值得国内广大医学史爱好者学习,这对于思考历史学的人文性、可读性和公共性不无裨益,因此向国内学界译介本书具有必要性。

探寻人类与微生物的共生共存模式
——《致命的伴侣：微生物如何塑造人类历史》译介

艾仁贵

微生物与人类关系密切，难舍难分。一方面，微生物是人类亲密的伴侣，有益微生物能够帮助人体促进消化；另一方面，微生物又是隐形的"杀手"，一些病原微生物（也称病毒）能够制造疾病，这些致命的杀手会危害人体健康，甚至可以夺走人的生命。

《致命的伴侣：微生物如何塑造人类历史》（下文简称《致命的伴侣》）致力于研究微生物与人类之间"剪不断，理还乱"的复杂关系，具有深刻的医学人文关怀和社会现实意义。本书的出版正值新冠疫情开始的 2020 年，对于大众了解微生物及其致病机制具有重要的作用。该书把医学与历史完美结合，做到了既有专业性和学术性，又具科普性和趣味性。

艾仁贵，世界史学者，入选国家级青年人才计划，河南大学历史文化学院教授、区域与国别研究院副院长。

一、《致命的伴侣》译介始末

我的专业是世界史,在承担翻译任务前,我也对医学史有过关注,对作者多萝西·克劳福德有些了解,知道她在公共卫生史普及领域的重要贡献。2020年初,空前规模的新冠疫情暴发后,我找来了一些外文书以试图了解历史上的各种疫情及其原因,其中就包括《致命的伴侣》。不久后,3月的某一天,商务印书馆上海分馆的鲍静静老师来电问我是否有兴趣翻译《致命的伴侣》一书,说由我来翻译这本书比较合适。当时,我正好有时间静下心来读读书,鲍静静、李彦岑、朱健还有我,为此建立了"《致命的伴侣》编辑群",经常就有关问题进行沟通。

在开始翻译工作之后,我为该书的宏大视野和医学人文关怀所深深触动,最深的体会就是作者把人类与微生物的关系形象地比喻为"致命的伴侣"(deadly companions)。就该书的书名,我和鲍静静老师进行了几次沟通,感觉"致命的伴侣"是一种极其形象的比喻,表明人类和微生物像"伴侣"一般彼此依存,但这种关系又很大程度上是"致命"的,因为微生物通常会给人类带来伤亡。由于疫情期间没有多少杂事的干扰,在完全专注的情况下工作效率特别高,我三个月完成译稿和校对,并很快通过了出版社的审读。期间就有关专业知识请教了多位从事公共卫生工作的老师,请他们对翻译过程中涉及的公共卫生知识进行把关。出版后,该书有幸得到中国科普作家协会的垂青,获得"优秀科普作品奖"银奖的肯定,此外还获得"河南省高校人文社科成果奖"一等奖,这些小小的成绩让我和编辑团队备受鼓舞,对这些支持深表感激。

如今医学健康类译著汗牛充栋,质量却参差不齐,有的好书能给读者许多启发和思考,有的仅仅停留在介绍层面。科普译著图书出版的主要难点有:首先,找到一本高品质的医学健康著作比较难,这不仅需要出版社和译者的仔细鉴别,也需要一定的机缘,需要了解国外出版的众多相关著作,并对其在中国的反响进行充分的评估。有时某本书在国外影响很大,引进到国内却反响平淡。其次,找到一个高水平的译者也比较难,高水平的译者既要有很高的外语水平,又要熟悉理解该书的知识背景和专业术语。再次,找到一家高质量的出版机构比较难,一本精品好书离不开高质量的出版社团队的精心打磨和认真编校,出版社是图书质量的最后一道防线。最后,找到一种高效能的推广手段更难,如今医学健康类图书市场竞争激烈,必须在图书推广和广告营销上下功夫,琢磨大众的需求。

基于以上难点,想要做好一本医学健康类译著,需要在相关专家的指导和建议下,从选书策划、寻找译者、编辑出版、包装推广等环节全盘考虑,这四个条件必须环环相扣、紧密配合,此外也需要综合考虑受众群体和市场反响等多方面因素。

二、从译者视角探寻人与微生物的共生关系

一个是地球上数量最多的物种,另一个是拥有最高智力并全面主宰这个星球的物种,微生物与人类之间形成了亲密而又致命的复杂、微妙关系。虽然人类是有史以来地球上最成功的物种,几乎占据了每个生态位,并借助技术对自然实现了多方位的征服,但这并不意味着人类的胜利,相反,人类对微生物空间的过分侵占,激起了微生物的"报复"。其结果是,微生物以流行病的形式反作用于人类,人类由此深受疫情之苦。从某种程度上说,微生物及其导致的传染病是对人类文明的警示,时刻提醒着人们,人类所取得的惊人成功是以惨痛的血泪为代价的。

长期以来,有关微生物的历史是传统史学研究中被忽略的对象。作者多萝西·克劳福德的《致命的伴侣》主张将微生物的历史纳入史学研究范畴中,强调微生物以超乎想象的方式塑造了人类历史,尤其是病原微生物直接干预了人类文明的进程,在人类每个关键性的转折(从狩猎采集者

到农民再到城市居民)中发挥了至关重要的作用。从人类由类人猿进化而来起,微生物就一直与人类共存,它深刻地参与并塑造了人类文明演进,尤其通过引发流行病造成了人类的重大伤亡,抑制了人口增长,影响了文明进程,从而塑造了人类历史。一部人类的历史,是人类与微生物之间相互影响、彼此竞争的历史。人类文明的过分扩张,挤压了微生物的活动空间,使得人类与致病微生物的接触机会大大增加,后者以流行病的形式对人类进行"报复"。

《致命的伴侣》的主要创作意图和重要贡献是,以"地球命运共同体"的视角审视人类与微生物之间的关系,所谓"致命的伴侣"是一种共存共荣的关系。克劳福德以特有的大历史视野,将微生物与地球、人类三者的历史有机结合起来,置于一个相互影响、共存共荣的生态系统中加以研究,不再是单纯以人类为中心,而是充分考虑了微生物和其他物种的视角。该书着重探讨了微生物的多变性和适应性,并将这些特性与人类的全球化进程联系起来。随着全球化进程加速,各个地区之间的联系越来越密切,不同地区的微生物之间也发生了交换,从而使一些地方性微生物走向了全球。可以说,在全球化时代的今天,许多新兴微生物的出现、传播和变异充分利用了全球化的条件,比如贫穷、国际旅行、不平等秩序,然而,人类似乎还没有做好团结抗击疫情的准备。克劳福德指出:"(全球化时代的)微生物已经迅速利用了我们的全球社会,但不幸的是,我们还没有想出控制它们的全球解决方案。"这种地球命运共同体意识的根本体现是,全球疫情需要全球社会的合作应对。身处地球村时代,流行病绝非是某一个国家或少数国家的事情,它是一个全球公共卫生事件,必须以命运共同体的意识审视人类自身以及人类和微生物之间的关系。克劳福德在全书结尾强调,人类一直被微生物这个致命的伴侣看作是一个全球共同体,因为微生物没有国家的概念,也不尊重国家的边界。在微生物看来,人类都是一样的,它们对人类的攻击完全是不加区分的,并不分中国人、美国人、意大利人、澳大利亚人……

三、"顺势而为"的科普创作

作者多萝西·克劳福德曾任英国爱丁堡大学副校长,爱丁堡大学医学微生物学荣休教授,英国爱丁堡皇家学会会士、英国医学科学院院士,在医学和微生物领域深耕多年,取得了丰硕的成果,主要著作有《隐形的敌人》《搜寻病毒》《牛津通识课:病毒》。我的体会是,由知名权威学者来撰写科普读物十分必要,而且更容易产生巨大影响。《致命的伴侣》一书出版后,在国外产生了较大影响,被列入"牛津科学里程碑系列",荣登BBC历史著作畅销榜。中文版由商务印书馆出版后,在国内同行和读者朋友的支持鼓励下,获得许多好评,中华读书报等媒体积极推介,进入多个医学人文类图书畅销书榜。

作为一本科普著作,《致命的伴侣》的初衷是为想要了解微生物及其与人类关系的读者提供系统全面的理解,它主要面向世界史和微生物两个方向的受众。全书分为八章,围绕微生物如何影响和塑造人类历史这条主线,讲述了从史前时代到21世纪两者之间关系的不可思议的演进历程:从40多亿年前地球的起源开始,到15万到20万年前人类在非洲的出现,再到1万年前农业文明的诞生以及1000年前欧洲文明的崛起,500年前微生物的全球扩张以及微生物对粮食作物的侵害,最后到150年前人类对微生物的揭秘和最近50年微生物的反击。作者最终将人类与微生物之间的关系定位为"共存共荣"。

2020年初以来暴发的疫情,导致公众对医学科普作品的需求激增,助推了"医学科普热",市面上出版了大量的医学科普著作。例如《流行病的故事》《人类大瘟疫》《瘟疫:历史上的传染病大流行》《瘟疫之王:黑死病及其后世界》《1918年之疫：被流感改变的世界》等。这些医学科普作品的特点主要有两个：其一，聚焦传染病的历史和发展演进，对传染病的宏观历史进行梳理；其二，关注那些造成重大杀伤的传染病，例如黑死病、1918年流感，等等。

经过此次疫情，公众对传染病基本历史的认知已有较大提高，对医学科普创作也提出了更高的要求，不再满足于粗线条的介绍。为了适应国内医学科普知识内容提升的需求，后续医学科普著作需要深挖传染病的传播机制、防控机制和疫后重建等层面，特别是传染病相关的政治、社会、文化、心理等方面的内容。

就医学科普创作的发展趋势而言，在疫情的推动下，相关著作层出不穷，既有对各类疫情和传染病的个案探讨，也有对传染病与社会治理之间关系的探讨，还有传染病整体发展史的探讨，这些著作比较缺乏的是对人类与微生物的互动关系的探讨。基于此，目前类似于《致命的伴侣》关于传染病与人类之间互动关系的宏观探讨仍需要加强。在构建地球命运共同体、促进人与自然和谐发展方面，《致命的伴侣》仍是不可替代的经典著作，在未来相当长的一段时间内仍有阅读的必要。

书名:《疾病的真相:熊猫医生科普日记》

作者:缪中荣　著;何义舟　绘

出版时间:2019年10月

出版社:人民卫生出版社

所获奖项:

第六届"中国科普作家协会优秀科普作品奖"金奖

《疾病的真相:熊猫医生科普日记》是"熊猫医生和二师兄讲科普"系列的一个分册,收录有70个左右熊猫医生的故事,内容涵盖生活中的健康知识、关爱女性健康、血压、血脂、血糖、中老年健康的误区与真相、靠谱的肿瘤知识,旨在通过漫画故事科普疾病的知识,适合家庭阅读收藏。

每个人都是自己健康的第一责任人
——评《疾病的真相：熊猫医生科普日记》

赵梓伊

2015 年 8 月 16 日，一名脊柱外科医生在首都机场因心脏骤停而死亡，当时机场已配有 AED，却因没人会使用，甚至不知道放在哪里而错失抢救良机，导致悲剧发生。2023 年 9 月，一名中山大学的学生在课堂上发生心脏骤停，学校师生使用心肺复苏和 AED 对其进行了抢救，为后续治疗赢得了宝贵时间，学生最终转危为安。如果你看到这里还不知道 AED 是自动体外除颤仪，是室颤患者的"救命神器"，那也许你应该多了解一些医学知识了。

《疾病的真相：熊猫医生科普日记》（下文简称《疾病的真相》）是"熊猫医生和二师兄讲科普"系列的一个分册，内容涵盖了生活中的健康知识、关爱女性健康、血压、血脂、血糖、中老年健康的误区与真相、靠谱的肿瘤知识七大模块，共 90 个医疗主题，每一个都与我们的生活息息相关，覆盖

赵梓伊，医学硕士，曾从事临床工作多年，现从事高校医学教学工作。

了各个年龄段可能遇到的健康知识，比如 AED 怎么用、小儿腹泻要注意什么、被烫伤了怎么办、感染了 HPV 一定会得宫颈癌吗，等等。所以说，如果你想找一本适合全家收藏阅读的医学科普书，减少和医生之间的信息差，提高全家的健康素养，那这本书真的很适合。

本书的文字及审阅作者缪中荣是首都医科大学附属天坛医院介入神经病科的主任医师，漫画绘制者何义舟是复旦大学附属中山医院的医生。2016 年 3 月，二人共同创办了微信公众号《小大夫漫画》，开始了他们在社交软件上的科普之路。2019 年，他们挑选了一些文章集合成册，出版了这本《疾病的真相》。

笔者意从以下几个方面与各位探讨这本书的特点。

一、浅显易懂，妙趣横生

近些年来，笔者给父母买过不少医学科普书，希望老人能多了解医学知识，不要被网络上的伪科普骗了，然而想法很丰满，现实很骨感——那些书自从进了家门之后就躺在书架上吃灰了，父母嫌弃书里都是字，根本看不下去。最后只有这本《疾病的真相》入了他们的法眼，没事就能翻开看一看。这就要归功于本书的特殊之处了——全书是以漫画为载体，用医患对话的形式呈现出来的。里面的医生是一个萌萌的熊猫形象，而提问者用了"二师兄"猪八戒的形象，绘画风格简单生动，让人眼前一亮，无论文化水平高低，读起来都比较容易，哪怕是不认识太多字的老人和小孩，也可以通过看图来习得知识，正如书中每一章漫画落款所说的那样：让医学变得简单。

书中有的图片非常有意思。比如在"穿秋裤能防治关节病吗"这一节中，画了一只穿秋裤的小狗，并配上文字："我要穿秋裤，冻得扛不住。一场秋雨来，零下十几度；我要穿秋裤，谁也挡不住。"另一张图中熊猫医生在床头穿秋裤,并配了文字:"如何证明自己已经成熟了? 不用妈妈提醒,自己就把秋裤穿上了。众里寻他千百度,蓦然回首,那人却在,床头穿秋裤。"让人会心一笑。在"33岁的年龄,70岁的脑血管"一节中,一位年轻女性得了脑干梗死,其原因是高血压病导致的颅内基底动脉高度狭窄,需要放支架,作者在一张图中画了一栋高楼,有两个小人分别从2楼和5楼跳了下来,并配文字:"对于她来讲做支架相当于从2楼跳下去,不做支架相当于从5楼跳下去。"简单粗暴,形象易懂,这比用一大堆数据支撑起来的专业解释更容易让患者接受。

二、内容丰富,涵盖面广

知名漫画家蔡志忠说:"漫画最重要的不是技巧,而是内容、内容、内容,内容才是漫画的王道。"无疑这本书的内容是非常精彩的。书中涉及了多学科的、面向各类人群的医学知识,且都是我们生活中常见的健康问题。假如你的朋友突然因心脏骤停而倒地,你会不会手足无措? 心源性猝死的黄金抢救时间只有四分钟,而急救车很难在如此短的时间内到达现场,所以现场群众的正确急救显得尤为重要。这本书告诉我们,当遇到这种情况时,首先要确定倒地者没有意识、呼吸和脉搏,之后可以开始实施心肺复苏并寻找周围的AED,AED又叫傻瓜除颤器,会自动辨别患者是否需要除颤,使用者只要根据语音提示操作就行。

在针对女性群体上,书中挑选了女性常见的问题进行了科普,包括痛经、乳腺增生、反复流产、宫颈癌筛查等。就拿很多女性都经历过的痛经来说,有的人程度比较轻微,有的人却总会痛得面色苍白、大汗淋漓。笔者的一个朋友就是如此,她曾跟我诉苦,说每次来例假都疼得下不来床,去请假吧,还被讽刺"别人痛经都没像你这样,咋就你这么矫情……"这可真不一定是矫情,这本书告诉我们,痛经分为原发性痛经和继发性痛经,而继发性痛经往往比较严重,甚至让人痛不欲生,比如那位朋友就是因为子宫内膜异位症才会这样,经过治疗后已经好了很多。

随着现代生活水平的提高,越来越多的人受到了"三高"的困扰。"三高"即高血压、高血脂和高血糖,本书针对"三高"也都做了详细的科普,比如怎么预防高血压、糖尿病患者能吃水果吗、颈动脉长斑块了怎么办,等等。除此之外,书中还详细介绍了老年人及儿童常见的健康问题,如老年人的骨质疏松、痴呆、帕金森病、冠心病、骨刺,以及儿童方面的小儿腹泻、儿童用药等,覆盖了全家各年龄段成员可能遇到的问题,内容覆盖面广泛。但本书也因篇幅有限,并没有对所有常见病都进行面面俱到的讲解。

三、科学权威·专业性强

在这个新媒体盛行的时代,网络上充斥着大量的科普信息,但往往鱼龙混杂,真假难辨,甚至有人因为相信了伪科学而差点丢掉了性命。比如你是否在网上看到过类似《速转!胸痛做这件事,关键时刻可以救命!》这样的文章,点开一看,原来讲的是"胸痛就意味着发生了急性心肌梗死,嚼服两粒阿司匹林可以溶栓救命……"。话不能乱说,药更不能乱吃!曾有新闻报道,有人在突发胸痛后照着文章的方法去做,却险些丧命,因为他胸痛的原因根本不是心肌梗死,而是主动脉夹层。作者在这本书中告诉我们,服用阿司匹林是主动脉夹层的绝对禁忌,在明确胸痛原因之前,万万不能轻易服用。除此之外,书中还对其他流传甚广的胸痛处理误区做了总结,比如胸痛后立刻口服十粒复方丹参滴丸纯粹是心理安慰、胸痛后含服两片硝酸甘油可能会使严重心肌梗死者血压进一步降低,并发生休克等。

书中类似纠正人们误区的例子还有很多。比如有的商家为了卖货,宣传自己的产品没有添加蔗糖,糖尿病患者可以随便吃……这就谋财害命了不是！书中告诉我们，无糖糕点中其实也含有淀粉，一样能升高血糖。还有人认为，糖尿病患者不能吃水果，但其实这个观点是错误的，水果可以吃，只要适量就好。再比如有的人习惯卡鱼刺后靠吃馒头、喝醋把刺使劲儿咽下去，但实际上这种做法很危险，甚至还可能推动一些比较大的刺穿透食管、刺破心脏。正确的做法是，如果鱼刺细小，可以用力咳几下尝试让它出来，但如果是较大的鱼刺就要尽早去找医生了。

本书的画风虽然看起来"不太正经"，但其专业性和权威性却都是毋庸置疑的，毕竟不仅本书作者是顶级三甲医院的专家，在涉及专科问题时，还邀请了不同领域的医生进行了文字讲解，比如讲解瘢痕疙瘩时邀请了整形外科的专家，讲解近视时则邀请了眼科的专家等，以保证诊疗知识的准确性和规范性。

作为一名医生，笔者近年来也在网络平台上撰写及编辑了不少医学类科普文章，深刻地认识到科普对于大众健康的重要性。去年家庭聚会聊天时，堂哥无意间聊起来，他3岁多的小儿子睡觉打呼噜，但一家人都没当回事儿，恰好笔者前段时间参与编辑过一篇关于腺样体肥大的科普文章，怀疑可能是这个疾病，便把文章转发给了堂哥。堂哥看过后，带孩子去医院做了检查，发现已经达到了手术指征，最终做了腺样体切除术，现在过去一年多了，孩子恢复得很好。在笔者最近参与编辑的一篇文章中，患者因腹痛、心慌、头晕等症状做了好多检查，却没发现任何器质性疾病，直到两年后才确诊为"躯体形式障碍"这一精神疾病。如果这位患者能早些看到相关科普，就可能会少走很多弯路、减少很多痛苦了。

在笔者既往四年多的临床生涯中，常常见到因为不了解相关知识而耽误病情的患者，也曾见过因为不认可医生的治疗方案而依从性差的患者。比如笔者曾让一个住院的高血压患者规律服用降压药，他当面没说什么，背后却偷偷把发给他的药扔了，因为他认为吃药副作用太大，而且自己血压高却不难受,医生总是危言耸听……这样的人并不在少数,他们的固执己见来源于对疾病和药物治疗的误区,而医生也往往难以对每一个患者都解释得非常详细,但如果患者能通过科普对高血压的成因、病情发展和用药知识有一个正确的理解,填补这一信息差,那依从性一定会更高,有助于建立起医生和患者"共同参与"的良好医患关系。

人民健康是民族昌盛和国家富强的重要标志,人人都应该是自己健康的第一责任人,要做到这一点,健康科普是必不可少的。近年来,网络上很多正规的医学类账号开始发布健康科普内容,众多医疗机构也愈发重视线上线下的科普宣传,这无疑提高了人们的健康素养,为推动"全民健康"作出了巨大贡献,但我们的科普工作还有进步空间。

如今健康科普主要以网络形式为主,但其内容往往真假难辨,有时伪科普要比真科普流传更广、影响更大,对群众造成误导。如果有更多生动有趣的真科普,如果有更多医护人员能像本书的作者缪中荣和何义舟一样,直接参与到科普创作中来,也许能让更多的人免受谣言的伤害。除此之外,向公众开放的医学科普场馆的数量也不太充足,如果能够建设更多的医学类博物馆向公众展示人体生命科学的奥秘,或许对提高全民健康素养会有所帮助。少年儿童是祖国的希望、民族的未来,也希望今后医疗卫生机构能组织更多的"医学科普进校园"类的活动,让孩子从小建立起正确的生命科学观,实现"健康教育从娃娃抓起"。

相信未来会如《人民日报》中所说的那样,"随着个人健康素养的不断提高,南山之寿、松柏之茂不再只是美好的向往,中国梦将会有更加坚实的健康基础。"

书名:《图说离不开的小空间:农村厕所的故事》

作者:农业农村部规划设计研究院 编绘

出版时间:2019 年 11 月

出版社:中国农业出版社

所获奖项:

第六届"中国科普作家协会优秀科普作品奖"银奖

《图说离不开的小空间:农村厕所的故事》是农业农村部规划设计研究院为了配合农村改厕工作,讲好改厕故事,普及厕所粪污资源化利用知识,牵头编写的科普绘本。绘本以通俗易懂、喜闻乐见的科普问答方式,介绍了农村厕所发展历程和厕所粪污的特点,宣传和推广不同类型改厕技术、建造要求、粪污资源化利用技术等实用知识。希望能够让广大农户对改厕及粪污资源化利用有系统、全面、科学、准备的认知,能够对农户改厕技术模式选择和工程建设起到一定的借鉴作用。

小空间里的大健康大生态
——评《图说离不开的小空间：农村厕所的故事》

丁子承

　　人们常常用"衣食住行"来概括生活中不可缺少的基本需求。但实际上，除了这四项基本需求之外，还有一项同样非常重要的基本需求，却总是受到人们有意无意的忽视。这个同等重要的需求，就是排泄的需求。

　　人只要吃东西，就不可能不排泄。但排泄产生的粪便臭气熏天，也确实令人避之不及。不过无论怎么回避，排泄这个需求依然是每个人都切实存在的需求。而且正因为排泄产生的粪便带有大量细菌和刺鼻的臭气，所以能否实现方便、卫生的如厕，能否妥善处理排泄产生的粪便，也日益成为衡量文明程度的重要指标之一。

　　在我国，厕所，尤其是农村的厕所建设，长期以来并没有得到足够的重视。"夏天苍蝇多，冬天脚下滑"，是传统农村厕所给人们留下的普遍印象。许多长期生活在城市的农民工不愿回村，城市居民不愿去农村，有一

丁子承，科幻作家、翻译。上海市科普作家协会副理事长。

部分原因就是农村厕所环境的脏乱差。我在带孩子回老家的时候,孩子也曾经因为农村厕所的脏乱环境,宁肯憋着也不上厕所。说到城市与农村的环境卫生差异,厕所的差异确实也是一项重要的因素。

厕所虽然只是个小小的空间,但它的重要性却不可低估,尤其是农村厕所。从小处说,农村厕所的状况关系到村民的生活品质,也影响到村民的身体健康;往大处说,农村厕所的状况也反映了一个地区的发展水平和文明程度。即使理解厕所的重要性,也并不代表一定能建设出合理、卫生的厕所。客观而言,要在农村推广现代化的厕所,确实存在现实的技术问题。在城市里,建造住宅、商场、办公楼宇时,都要遵守严格的建筑规范,其中都对厕所做了全面细致的规定。在农村,自建住房在安全等方面多少还有一些规范可循,但在厕所建设上并没有一个统一的标准,更没有什么指导性的文献,这也造成在建设农村厕所时,即使想建成更加文明、更加卫生的厕所,也不知道该如何建设。

正是在这样的背景下,由农业农村部规划设计研究院编绘的《图说离不开的小空间:农村厕所的故事》应运而生。这本书的篇幅不大,但薄薄的小册子中简明扼要地阐述了农村自建厕所的各种常见类型及相应的建设方式和注意点,正是一本能够解决村民实际问题的实用性书籍。

本书第一章首先介绍了我国厕所的发展历程,特别指出在 20 世纪80—90 年代,我国以亚运会为契机,开展了城市厕所整治行动,也就是当时所说的"厕所革命"。在那之后,人们才开始意识到厕所建设是一项必须加以重视的工作,更认识到厕所的设计和建造与整个社会的卫生与文明紧密相关。随后这一章中又介绍了粪尿有哪些用途,以及缺乏科学管理的粪尿会造成哪些危害,为引出后续内容做好了铺垫。

第二章则讨论了农村改造厕所的可行性与必要性,强调要将厕所改造成无害化的卫生厕所,并且总纲性地列举出无害化卫生厕所的若干常见类型,包括三格式户厕、双瓮式户厕、双坑交替式户厕、粪尿分集式户厕、沼气池式户厕、完整上下水道水冲式户厕、一体化生物处理户厕、生态旱厕,等等。

从第三章开始,本书逐一讲解了上述各种类型的无害化卫生厕所的结构、特点、建造方式、注意要点等,为村民实施厕所改造提供了扎实可靠的信息。特别值得一提的是,本书在表现形式上打破了以文字为主的传统形式,改为采用图片为主、文字为辅的表现形式。对于村民读者来说,这样的表现形式毫无疑问降低了阅读难度,提升了他们对于信息的接收度。而且对于一本讲解如何建设厕所的书籍来说,图片形式尤为适合介绍建设过程中的各种注意要点。

比如在介绍三格式化粪池时,书中说到第一格与第二格间的化粪管,下端口需要位于第一格最高液位下 1/3 处。像这样的知识点,如果仅靠文字描述,显然很难理解。但一幅清晰简明的图片却能让读者一目了然,一眼就能看出化粪管应当设置在什么位置、管口位置有什么要求。

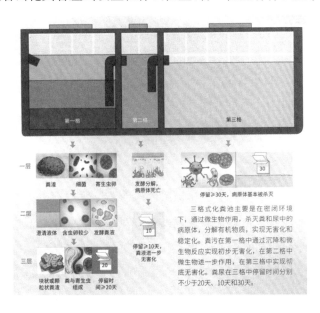

　　再比如第七章，沼气池式户厕。书中介绍沼气池式户厕又可以分为三联通式沼气池厕所、人粪预处理式沼气池厕所、一池二隔式沼气池厕所、曲流布料式沼气池厕所、两级发酵式沼气池厕所五种类型。但是仅看这些沼气池厕所的名称，村民显然也无法理解各种厕所的差异与特点。就算花费大量篇幅描述这些厕所的优缺点，对村民来说依然会显得过于抽象，难以理解，当然也更难以做出正确的选择。而本书则给每种厕所配上了线条简洁、配色清晰的插图，将粪便入口、发酵池、出料间、活动盖等构造画得清清楚楚，让村民完全可以根据自家的实际情况，选择最为合适的厕所进行建设。这些都是文字难以描述清楚的。

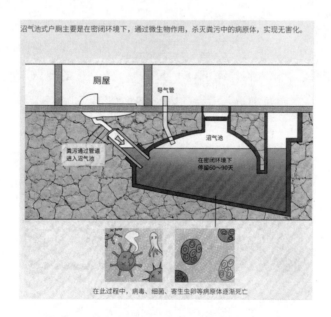

沼气池式户厕主要是在密闭环境下，通过微生物作用，杀灭粪污中的病原体，实现无害化。

厕屋　　导气管

沼气池

粪污通过管道进入沼气池

在密闭环境下停留60～90天

在此过程中，病毒、细菌、寄生虫卵等病原体逐渐死亡

　　此外，本书还辟出最后一章讲解厕所粪污的资源化利用，以实际措施响应习近平总书记"推动形成绿色发展方式和生活方式"的号召。粪污虽然不登大雅之堂，但其中含有氮、磷、钾等多种植物所必需的营养成分，对于农业种植具有相当重要的价值。尽管随着多年来化肥的广泛应用，粪

肥已经不再是农业种植中的主要肥料来源,但长期使用化肥也会造成土质下降、农作物品质降低、危害人体健康、破坏生态环境等负面后果,因而越来越多的有识之士都在呼吁减少化肥的使用,多用粪肥等有机肥料。本书中介绍了堆肥还田、肥水还田、生态处理后灌溉水还田等资源化利用途径,不仅将粪污转变成宝贵的农业资源,也减少了环境污染,实现了资源节约和循环利用。

虽然本书由于篇幅的限制,不能更为深入地详细介绍每一项内容,但作为科普读物,本书以通俗易懂、读者喜闻乐见的方式介绍了厕所的发展历程和农村厕所粪污的特点与处理方式,宣传和推广了不同类型的厕所改造技术、建造要求、粪污资源化利用等实用知识,能够有效地帮助广大村民开展厕所改造、并对粪污资源化利用建立起较为系统全面和科学准确的认识。作为向农村居民宣传推广厕所文明的读物,本书很好地完成了自己的使命。

"中国科普作家协会优秀科普作品奖"的评选条件之一是"普及科技知识,产生较好的社会效益和经济效益"。本书可以说是满足该项条件的范本。尽管如本书标题所示,农村厕所只是一个"小空间",但这方小空间的科学改造,却会对整个农村乃至全社会的卫生健康和生态环境带来很大的影响。本书独具慧眼地选择厕所这个小空间切入,又善于根据读者的特点选择适当的表现形式,正是"想群众之所想,急群众之所急,解群众之所难"的具体展现。本书获得第六届"中国科普作家协会优秀科普作品奖"银奖,的确是实至名归的。

自然生态篇

　　生态兴则文明兴，生态衰则文明衰。建设生态文明，是关系人民福祉、民族未来、地球命运的根本大计。实现人与自然和谐共生，全方位、全地域、全过程开展生态文明建设是我国走向社会主义生态文明新时代的前进方向。如何在全社会树立尊重自然、顺应自然、保护自然的生态文明发展理念，全面提升公众生态环保意识，离不开生态科普工作者的努力。

　　近年来，围绕自然生态的科普创作不断蓬勃发展，呈现欣欣向荣的态势。自然生态（自然博物）类科普创作以探索自然、认识自然和走进自然为线，体现出人类作为生态共同体一员的角色转变，成为当前科普创作的热点，也呈现出一些典型特征。

在科普形式上，从百科全书式的硬科普转向具有人文关怀的科普，涌现出一批能够令读者产生共鸣的优秀作品。比如《诗话湖泊》，将湖泊科学与传统诗词结合起来，通过诗词的记载重现千年前的湖泊美景、湖区人民的生产生活，又以书中湖泊之千百年来的兴衰变化向世人敲响警钟，呼吁公众提高对生态环境治理与保护的认识。《遗世独立：珍稀濒危植物手绘观察笔记》强调科普创作中的人文赋能，将科学知识与人文关怀相结合，通过科学的方式传递人文关怀的理念和价值观。

在科普队伍上，越来越多的自然生态类专业人士参与其中，既有网络上颇具人气的年轻一代科普作家独立创作，也有众多科研院所的专业科普团队合力成就，同时亦有各专业学科的研究人员参与审校、编译。比如，博物学者、科普作家段煦的《斯瓦尔巴密码：段煦北极博物笔记》以博物笔记的形式，图文并茂地讲述极地的动物、植物、矿物、冰川地貌和历史人文遗迹，填补了市场上极地旅行手册的空白。《正在消失的美丽：中国濒危动植物寻踪》集合数百位科技工作者的努力，记录了我国濒危动植物的生存现状，分析了濒危原因并提出保护建议，以推动公众对濒危动植物保护的认知。

在科普内容上，科普作品的知识性与美感并存，极具美感的手绘、图谱与照片成为科普作品获得市场热烈反响的重要因素。其中最具代表性的当属《森林之花：玛格丽特·米的植物学笔记》，无数读者被书中百余幅绘制精细、色彩淡雅、细节严谨的植物画所惊艳。这种极致的美感吸引读者跨越遥远且陌生的亚马孙平原，为异域地区的热带植物流连忘返，为作者一篇篇探险日记中记载的环境污染与森林破坏而揪心不已。就连《森林之花：玛格丽特·米的植物学笔记》的译者感言、编辑手记读来都满是美的享受，更难怪读者会发出"中了魔法般无法动弹"的感慨（为了保持原稿自成一体的美感，本书收录《森林之花：玛格丽特·米的植物学笔记》编辑手记时保留了其散文式的文体，以飨读者）。

本章选取的几部优秀科普作品集中反映了近年来这一领域科普创作的成就和特点，期望能为这一方向的科普创作提供借鉴，共同以"绿"为"笔"，书写人与自然和谐共生的美丽篇章。

书名:《森林之花:玛格丽特·米的植物学笔记》

作者:[英]玛格丽特·米 著;
[英]李永学 译
出版时间:2021年11月
出版社:湖南美术出版社

所获奖项:

第七届"中国科普作家协会优秀科普作品奖"金奖

《森林之花:玛格丽特·米的植物学笔记》是英国植物艺术家玛格丽特·米在亚马孙雨林探险所记录的植物笔记和旅行日记。全书分13章介绍了来自亚马孙13个区域的植物,真实记录了作者沿途遇见的花卉、树木、鸟类、动物、原住民等各种风景与风貌,生动再现热带雨林瑰丽的面貌、迷人的魅力与原始的风土人情。书中还收录了160幅兼具科学性与艺术性的植物手绘、素描以及相关照片。

一本好书会影响我们的人生道路

——《森林之花：玛格丽特·米的植物学笔记》翻译感言

李永学

远在第四纪古老的岁月里，在世界第二大河——亚马孙河亿万年的作用和当地气候的影响下，世界上最大的冲积平原——亚马孙平原形成了。千百万年过去了，赤道穿过腹地、终年高温多雨、人迹罕至的亚马孙平原变成了世界上最大的热带雨林区，其中孕育着的神奇动物如森蚺、食人鱼等令人闻之色变。更为重要的是，在这个平原上，也蕴藏着世界上大约五分之一的森林资源，稀有、罕见、原产的植物数不胜数，无数与人类息息相关的植物在这里起源，其中最著名的或许要算橡胶树了，它为我们提供了今天不可须臾离之的橡胶。

但是，从 20 世纪起，这一片可以称为大自然瑰宝的平原，却遭到了人类的无情摧残——乱砍滥伐、毁林造地、工业污染，让这片古老的平原满目疮痍，雨林面积急剧缩小，许多珍稀动植物物种种群数量锐减、濒危甚

李永学，博士，自由译者，从事科研、教学工作多年，现居英国。

至灭绝，一些地区早已不复昔日风光，几乎沦为不毛之地……古老的亚马孙平原在呻吟，面对地球食物链顶端物种的淫威，大自然曾经的骄子在仰天悲鸣。

也就在这个时候，1952 年，前往巴西探望患病妹妹的玛格丽特·米第一次见识了这座平原，这座雨林，便立即被那里的风光迷住了，以至于让她告别了自己的祖国——英国，和丈夫一起来到巴西定居。1956 年，年届 47 岁的玛格丽特开始了她长达三十余年的亚马孙雨林探索之旅，她先后 15 次深入亚马孙河流域，考察那里的珍奇植物，并用自己神奇的画笔为我们留下了数不清的艺术珍品。

2019 年 3 月，笔者有幸与上海浦睿文化传播有限公司达成协议，翻译英文版的《森林之花：玛格丽特·米的植物学笔记》（下文简称《森林之花》），将这本不可多得的好书介绍给中国读者。

说老实话，开始时，我只把这份翻译的经历当作一次寻常的工作，是我的又一部"译作"，是我的"翻译简历"中的另一个条目。但很快，玛格丽特用她优美、简洁、明快的文字和她笔下栩栩如生的花朵征服了我，将我带进了她自己的世界，也就是瑰丽的大自然奇景，以及她本人的探险生涯。她一次又一次的惊险经历、她无畏的探索、为艺术和科学献身的精神，以及奇妙传神的画笔，都令我陶醉，进而肃然起敬。她从年近半百之龄开始，怀揣手枪，服装整齐地在幽深的密林中行进，无惧酷暑高温，在湍急的水流中劈波斩浪，这种精神令多少年轻力壮的男子汉汗颜！她研究亚马孙雨林中的植物，发现并描述了世人从所未见的 9 个新物种，人们将其中的一些以她的名字命名。更重要的是，她充分发挥了自己的艺术才能，用画笔记录了大自然神奇的美色，将五彩缤纷、绚丽多姿的森林之花展现在读者面前，让人们在惊叹之余，感到自己宛如置身于这座广袤的平原之中，激发了人们对于自然的热爱，让人们保护大自然的责任感油然而生。

诚然,树叶、花朵、种子,这些大自然的馈赠能够为我们带来美的感受,能够激发艺术家、文学家们的遐想,创造艺术与文学殿堂中的奇葩,但它们存在的意义,却远不仅限于让人们发出"生如夏花之绚烂,死如秋叶之静美"这类感叹,更重要的是,植物是地球上绝大多数物种的根基所在,是一切碳基生命存在的根本保证。而亚马孙热带雨林更被称为"地球之肺"和"绿色心脏",提供了全球十分之一的氧气,让这颗行星变成了人类宜居的世界。植物能够吸收二氧化碳,调节气候,减少污染,降低温室效应,是人类与全球气候变暖斗争不可或缺的武器与同盟军。

21 世纪已经过去了将近四分之一,展望前途,任重道远,为了群山的绿意,为了大地的温馨,每一位世人都有一份沉甸甸的责任。而玛格丽特的这部《森林之花》更是如同一面镜子,照见了我们自己,让我们更为清醒地意识到这份责任。

确实,玛格丽特之所以能够记录大自然的呼吸和运动,最主要的原因是她对于自然发自内心的热爱。在书的字里行间,她直抒胸臆,表达了对亚马孙河流域的自然环境遭受破坏的深切忧虑,为保护环境大声疾呼。不能不说,在 20 世纪中叶就具有这种意识,她不愧为环境保护的先行者之一。同样令人感动与振奋的,是玛格丽特本人的探险故事和她勇于献身的不朽精神。她早年学习艺术,后来成为工会的活跃分子,并加入了英国共产党。她在反法西斯战争期间担任飞机制造公司制图员,为战胜纳粹德国效力。二战结束之后,她又一次在艺术学校学习,成为优秀的艺术家。能够创作这样一部令人动容的著作,源于她对艺术的热爱,对于大自然的热爱,对于生命的热爱,对于人类的热爱。《金融时报》曾有过这样的评论:"玛格丽特·米用一支画笔和一把手枪守护了亚马孙森林。"

这样一位伟大的女性,自然得到了人们的认可与尊敬。她被誉为英国"女达尔文",先后获得大英帝国员佐勋章、联合国环境保护奖、巴西共和国南十字星勋章,以及其他许多荣誉。但令人遗憾并扼腕叹息的是,由于一次车祸,玛格丽特在即将出发开始她的第 16 次丛林探险前不幸去世。一朵艺术之花凋谢了,英国菲利普亲王亲自参加葬礼悼念,不知多少人为此悲伤不已。

幸运的是,她为我们留下了一本《森林之花》,更幸运的是,我成了将这本书介绍给中国读者的译者。

翻译的过程也是学习的过程。这本书文字朴实,脉络清晰,并不艰深,但其中包含大量动植物的拉丁文名字和人迹罕至的亚马孙河流域地点的名字。我的专业背景是物理学,翻译这些名词常让我一筹莫展,因为其中许多根本没有正式的中文译名!翻译期间,我多次联系本书的策划人杨静怡女士,她向我提出了许多建议,还寄来了参考资料,对我帮助很大。但是,在我最终提交的翻译文件中,许多拉丁文名词不得不保留原文,地点的翻译也时常难以令人满意。

幸运的是,杨女士和浦睿文化没有放弃。杨女士阅读了大量文献资料,还得到了植物学家寿海洋先生以及巴西驻上海总领事馆的帮助,将崭新的中文译名赋予许多珍稀植物,以及国人从未到达甚至从不知晓的巴西偏僻地点,没有在这方面留下遗憾。

2021 年,浦睿文化出版了这本书,160 幅植物画作、照片和速写美不胜收,令人惊叹不已。读者热情地赞扬这部著作,为作者的精神、行为和艺术而深受感动。我想,玛格丽特在天有灵,也一定会为自己的著作和行为得到中国读者的赞赏而欣喜不已吧!

读者的热烈反应,也让我想起了自己人生经历中的一件往事。几十年前,读初一的时候,我从同班好友那里借到了一本苏联作家依·尼查叶夫的《元素的故事》,该书深入浅出地描绘了许多化学元素的发现过程,给我留下了非常深刻的印象。后来,我和这位好友都走上了科学研究之路。几十年后,我们都不约而同地说到了这本书对我们的人生道路的影响。后来,我的另一位好友、中学时代的学长也谈起了这本书,提到了他在中学时代阅读这本书的感想和这本书对自己的影响。由此可见,一本真正的好书能够深刻地影响读者,尤其是青少年读者,在他们日后的生活道路上留下不可磨灭的印记。

我认为,《森林之花》或许也会成为这样一本真正的好书。希望有一天,会有今天的青少年读者回忆当年阅读本书的感想,并告诉大家:正是这本书,让他们走上了植物学之路,艺术家之路,或者探险者之路。如果真的有这样一天,与引入这本书有关的所有人都将感到非常欣慰。

现在,中国科普研究所与中国科普作家协会开展第六届、第七届"中国科普作家协会优秀科普作品奖"获奖图书佳作评介的编撰工作,《森林之花》有幸成为接受评介的作品之一。盛情邀请下,我不揣冒昧,勉为其难,写下了这样一段文字。

夜短情长,东方既白,思潮起伏,写下一首小诗,尚祈读者诸君雅正:

七律·《森林之花》译后感

一叶飘飞渡大洋,

苍天白水两茫茫。

长河宛转抒诗草,

奇卉氤氲传惠香。

浩瀚波光连碧海,

清幽翠色染云乡。

青鸢归去留神笔,

却倩东君展绿装。

(依《平水韵》)

美的事物自能打动人

——《森林之花：玛格丽特·米的植物学笔记》编辑手记

杨静怡

距离《森林之花》首次出版已经过去许久。2021年冬天，在上市不到一个月的时候加印了一次，推出了"2.0典藏版"，附赠1个函套、2幅海报、6张明信片。

2022年夏天，获知本书获得了第七届"中国科普作家协会优秀科普作品奖"金奖，同一时间又恰好接到了新的需求，加印的时候制作一批限量的"3.0特装版"，在书头、书口、书脚三面增加彩色喷绘。

感觉自己就像个产品经理，把这本小众书做成了互联网产品，不断更新迭代。

如何挖掘到1988年的老书

大约2018年春夏时节，我在博物类的网站上浏览漂亮的植物画，看

杨静怡，上海浦睿文化传播有限公司版权经理，编辑。

到玛格丽特·米的作品,感觉她的主题和画风与以往看过的不一样。比起皮埃尔-约瑟夫·雷杜德和皮埃尔·安托万·波多那种法式的精致和浪漫,她的作品更富有野性和张力,让人感受到生命的力量。

然后我找到了这本书的英文版,搜了一下书名和作者都没有任何中文信息,大喜,感觉自己挖到了尘封已久的沧海遗珠,捡漏的概率极大,我便立即广撒了邮件询问版权情况(其实我是公司的版权经理)。

两天后,我得到了一封长长的回信,来自首版书的编辑托尼·莫里森,他曾参与玛格丽特生前的最后一次旅行,资助并拍摄了一段纪录片。由于年代久远版权转移,老先生已经无法给我提供样书和电子版的样章,但我没有放弃,自己在其他国外网站上买到了这本书。拿到手里翻阅第一眼便觉得它着实惊艳,和以前看过的植物书都不一样。后来在他的引荐下,我终于在 2019 年春天和目前的权利方签下了这本书的版权。

无论新人还是老鸟,都需要一起比稿

签下版权合约之后,我立即在豆瓣网上发布译者招募,并给出同等的试译条件和时间。不过于迷信经验和权威,希望也能给年轻的译者平等的脱颖而出的机会。看过了许多份试译稿之后,我最终决定与李永学老师合作。

When you want something, all the universe conspires in helping you to achieve it

原以为自己只是签下了一本精美的植物笔记,直到 2019 年 5 月收到了李永学老师的译稿,我才真正意识到这是一本多么了不起的书。玛格丽特的每一句轻描淡写的描述背后,都有着极强的专业知识支撑。

在真正进入这本稿子之前,我对巴西的所有认知仅限于高考的考试

范围,亚马孙流域只是一团遥远而抽象的知识点,对植物更是一无所知。

虽然看稿查证的过程十分艰难,但在抽丝剥茧解决每一个疑团的过程中,我得到了全世界的帮助。

Contribution to Knowledge

Contribution to Knowledge means creating new knowledge based on the previous available knowledge by doing extensive and innovative research.

除了将原文准确地翻译成中文之外,在英国多年的学术训练让我习惯性地关注和思考"contribution to knowledge",即对现有知识共同体的贡献,希望这本书的出版对他人来说有一些参考意义。

我一无所知,却拥有足够多的幸运,找到了每个领域里最懂行的人,他们不遗余力地帮助我,完成了这个项目。

原来·并不是所有的地方
都能在地图上找到对应的标记

很难想象,在没有智能手机和 GPS 的年代,进入亚马孙雨林究竟得有多大的勇气。

山脉、河流、部落……玛格丽特旅行所至之处,在原书中大多以巴西葡萄牙语及当地俗称记载,而其中的绝大部分不仅没有正式的中文译名,甚至在谷歌地图上都找不到任何痕迹。

漫长的做书过程里,我时常怀疑那些

地方是否真实存在，直到后来亲眼见到玛格丽特日记里手绘的地图，我确信，它们确实存在，又或者说，曾经存在过……

1956 年，年近半百的玛格丽特进入了亚马孙雨林。往后漫长的几十年里，河流改道，湖泊干涸，森林遭到砍伐被夷为平地……而她的笔记，也恰好记录了这一切。

若只是把所有地点按照拼写规则给出合适的音译其实不难，但却并未真正地解决问题。为了查证和定位所有地名对应的地点，我抱着试一试的心态给巴西领馆所有公开的联系方式写信留言。一个月后的某天早晨，我在脸书上收到了巴西驻上海总领事馆领事杰森·吉梅内斯先生的回复，恰逢他的领区变更，从伦敦来到了上海，很乐意抽出时间见见我。

会见时他还特别告诉我，为了纪念玛格丽特对巴西做出的贡献，在巴西驻英大使馆里有一个会议室以她的名字命名，里面还挂着她的两幅照片。

后来我在他和另一位官员关中秀女士的帮助下完成了全文的地名校对，这些地点也因此有了"巴西官方认证"的中文译名。

另外，我在每一章后面添加了章节注释，尽可能地希望读者在阅读陌生的地名时不至于完全迷失。

rio，paraná，igarapé

亚马孙流域的河流系统极为复杂，葡萄牙语中"rio""paraná""igarapé"都是河流的意思，若统一译作"河"或"河流"也不能算错。但实际上，在当地，三者所指的河流成因、结构、水量均不相同。

有一天我突发奇想请教了一位朋友——厦门双十中学的林秀莲老师，她也曾是我的地理老师。她立即在手边的稿纸上画出了示意图。

弄明白了河流系统，才终于统一了大小河流的不同译名，译文中关于行船的表述也做了更准确的调整。支流（igarapé）、河流（rio）、岔流

(paraná)。从 A 点到 B 点,应是"顺流而下"或是"逆流而上",希望这些细节能让读者在阅读的时候有更多一点的画面感。

这是一条孤独而漫长的路

我经常在深夜看稿、查阅各种文献资料,查证那些陌生的城市、部落、山谷、瀑布、森林、岛屿、大大小小的河流……不知不觉整理出了一张超长的 Excel 词汇表。

做一审工作的时候,我有天突发奇想,在地图上跟着玛格丽特的足迹,一点一点标记出了所有的星星。这个过程就好像见证着她花了 32 年时间,沿着河流在未知中摸索,一步一脚印慢慢点亮了整座森林。内心喜悦,却又孤独。

没有标准答案的时候,我该如何给出答案

做这本书之前,我对植物的认知大致分为两类:好看的、不好看的。一开始竟天真地以为,所有植物都能找到对应的中文名称。

这本稿子的原文中,植物的名称除了英文以外,还保留了拉丁文、葡萄牙文,以及当地人熟悉的叫法。最让人崩溃的是,其中有很大一部分植物至今未有过中文记载,国外网站的信息也模棱两可。我差点原地"去世"……

幸好,通过朋友的层层引荐,我联络上了上海辰山植物园的植物学家寿海洋老师帮助我校对植物名称。过程曲折,也经常遇到意料之外的情况,例如下面这句:

no branches before the canopy. I searched for a plant within reach and found three, without flowers. There were many other plants to collect there, for this *igapó* was one of the least disturbed and most prolific in epiphytes that I have seen. There, Jará palms grow between *pau d'arco* and Cuiras and large hardwood trees. While we were there an Indian paddled up in his canoe and gave me an interesting orchid with a striped labellum, *Catasetum discolor*.

一句话只有短短十几个词,看似不经意的描述中提到了三种不认识的植物,第一个查到了,剩下两个还是谜。我像无头苍蝇一样在网上到处写邮件或留言问人,竟然在脸书上得到了翔实的回复,甚至还传来学术文献供参考(虽然他错把本地文件的路径给我了,但我还是找到了对应的文献)。

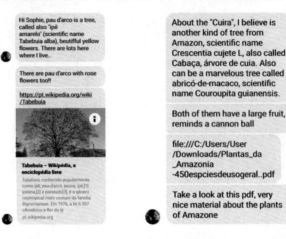

这时候人与人之间的关系仿佛变得很近,在地球的不同角落,素昧平生,彼此都用着非母语……他们热心地为我介绍自己熟悉的植物。

找到了这些俗称对应的拉丁文名称,海洋老师便能够确认植物的中文名称,若暂时没有中文记载,他便依据植物分类法拟定新的中文名称。

而对于海洋老师拟定的中文名称,我也时常有着各种各样的疑问。"为什么这样翻译?""那如果同样的意思,这样表述会不会更雅致一些?"很感谢海洋老师,不遗余力地回答着我(作为一个完全不懂植物的普通读者)的问题,并为此反复请教、讨论、推敲、求证……

书出版后,海洋老师回忆道:"也是'初生牛犊不怕虎',当科技馆的徐老师两年前问我:有出版社在翻译一本外文书,里面的植物名词可否请我审核一下? 我想应该不难,尤其是刘夙、刘冰老师团队把全世界植物属的中文名都快译全了,有可靠的数据库可参考,不就是几天或者一周的事情嘛?!于是便应承了下来。不曾想,这本书介绍的是亚马孙流域的植物,热带植物本身就难,何况那边植物的数据库不全,而且不少用的是非英语,很多植物名称都得新拟。好在责任编辑既专业又耐心,为了引进这本书,专程跑英国查阅资料;为了个别词汇,对照第一版、第二版原著一遍一遍地刷;还为了一些疑难的名词写信给国家相应的专业部门请教……"

书的末尾添加了 12 页植物拉丁文-中文词汇表,包括 30 种新拟定的植物中文名称。最后我还保留了插图索引,方便找寻。

逆风飞行·不远万里走近她

2020 年春节的时候我特别利用年假去了趟英国,除了自己的旅行以外,也抽了几天时间亲眼看看与玛格丽特有关的一切。

在巴西驻英国大使馆见到了纳迪娅·克雷库克女士,她带我参观了以玛格丽特名字命名的会议室,通过她的引荐,我还进到邱园图书馆和皇家园艺学会林德利图书馆,见到了不公开展示的、玛格丽特所有的水彩手绘以及旅途速写。

虽然以前也经常到邱园,但直到这次为了做这本书才走进这座图书馆。打开这一切的时候,我感觉自己不远万里终于来到玛格丽特的面前。

花了一整天时间，翻阅完了玛格丽特的所有手绘作品和旅行速写本。

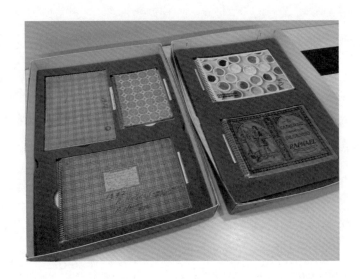

1.0, 我的满意是你诚挚的追求

书的外封是经过民主投票选出的，也是这本书首版时所用的封面图，玛格丽特在世时唯一见过的封面，旨在向她英勇无畏的一生致敬。

玛格丽特曾先后 15 次深入亚马孙流域进行勘探，记录和绘制那里的珍奇植物。由她发现和命名的植物，便有 9 种之多。书的内封我特地选了低调内敛的牛油果色，就像过去在图书馆书架上抽出的每一本学术书，平实符合她的工作态度和学科成就。

为了无限接近原稿中展现的惊艳，我们用了涂布纸，全书四色印刷。

视觉上的呈现在某种程度上来说是一种很主观的感受，很难用三言两语说清楚。说不清楚就上手呗！于是我搬着笔记本坐到了设计师祝小慧身边，从一个"指手画脚的甲方"进化成"亲自上手的甲方"，开始各种抠图调色，花式挑战设计师的权威……

过程中无数次把小慧折磨到接近暴走……我常跟她开玩笑说，"我的满意是你诚挚的追求"。虽然无数次想揍我，但还是在相互拉扯中做完了这本书，达到了我们都满意的模样。

直到下厂前的周末还在反复调色打样。还记得蓝纸发出去前，我在电脑前坐了 11 个小时，一遍遍做最后的检查。发出去之后，我有一种交完最后毕业论文的感觉。

尽人事，听天命。

2.0，做有效的加法，以及适当的减法

由于题材小众，《森林之花》一开始并不被公司和渠道看好，首印量也非常保守。万万没想到，出版不到一个月竟然卖完了近一半。公司临时决定立即加印并推出附赠礼品的《森林之花》2.0 典藏版，原本已经躺下"听天命"的策划人兼编辑的我本人又重新支棱起来做方案了。

玛格丽特为植物科学和环保事业奉献了自己的后半生，所以她的书中的附赠品也不应该有任何的无用之物。

它必须高贵优雅，必须庄重内敛，在可承受的成本下，用最好的原料。我没有办法接受她一生的心血被随意印在廉价的赠品上。考虑过设计的美感、包装的整体性以及物流发货的可行性，我们在两周内定下了最终的设计方案。

　　跟印务同事软磨硬泡了半天,争取到了烫金的工艺,让她的探险旅程在函套封面上熠熠生辉。

　　附赠的海报从原计划的一张变成了两张,因为两个设计都很好,"翅膀硬了"的策划人说服了老板,不做选择,全部都要。

附赠的明信片从 4 张加到了 6 张，并且用上了更高级的珠光纸。

其实除此之外，设计师凌瑛还给过其他的设计提案。但我们做了减法，一切附赠的产品都应是锦上添花，而非本末倒置，模糊"书"本身的主体地位。在这里，我们又爱得很克制。

后来经常在社交媒体上看到消费者将海报贴在墙上，将书和卡片放在书桌前，这使我们的一切"吹毛求疵"都有了意义。

3.0·there is always a plan B

万万没想到，过了好长一段时间，这段故事又出了新的"番外篇"。

距离"1.0 精装版"出版已经过去了快一年，限量的"2.0 典藏版"也卖完了。我又接到需求,某渠道希望定制一批限量的《森林之花》3.0 特装版,在书头、书口、书脚处做一些刷边处理。已经躺着"听天命"的策划人"又双叒叕"重新支棱起来做方案了。

但幸好,我有足够多的 plan B、C、D……一个周末的时间就把方案做好了。

万事俱备,东风吹来的时候便优雅地赶上了,很多先前不得已而舍弃的设计也突然得以实现了。

时间有点赶,人手不太够,为了节省时间,我开始给设计师打工了。那个周末我在家里自己的笔记本上抠图做文件,指纹都快磨没了。所幸,我的方案被设计师小慧认可了,几乎没作修改之后就导出了彩色喷绘的设计文件。

这里又出现了一段小插曲,渠道提出的设计要求与产品的调性不那么相符,即便包销不退货的条件有一点点诱人,我们也还是没能答应。但总编说,既然设计文件已经做完了,不妨我们自己做做看吧。于是这批限量的特装版在我们的自有渠道上架了,这也是浦睿文化第一次使用彩色喷绘这项工艺。为了销量，我第一次上了天猫直播间，还没有开始介绍，书已售空。诚惶诚恐，心怀感恩。

电商海报、详情页也是产品的一部分

从1.0到2.0再到3.0，随着产品形态的改变，设计师刘彬把电商详情页、海报等物料也做了不同的调整。

无论是哪一类的科普书，都必须保证知识和常识的准确性。此外，插图、照片等视觉元素能够更好地帮助读者理解书的内容。努力做到内外兼修。做书的过程中麻烦和请教了许多人，而他们也成了书的第一批"代言人"。巴西驻华大使保罗·瓦莱先生不仅写了推荐语，还亲自拍摄了宣传视频。

不打折是不得已而为之的事

一本四色印刷的精装书，还做了1个函套、2张海报、6张明信片，整体制作成本一下子拉高了，如果打折的话……本就贫穷的出版公司将会雪上加霜，于是我们被迫做了一个大胆的尝试，线上及线下原价销售。

这样一来，一开始的发行就无法按常规折扣给到传统的大电商渠道了，自有渠道发行也把更多的压力给到推广和营销的同事。而"不打折"这个举动竟因此成了一个话题和"营销卖点"，有同行和媒体为此采访我们。但这又让我陷入反思，到底是从什么时候起图书打折销售成为了一种理所当然？

编辑到底应不应该参与推广营销

这题也许每个人都有自己的标准和答案。按照我自己的理解，每个岗位都有自己明确的工作职责，但就《森林之花》这个项目而言，第一次反

常规不打折销售,所有人都不知道能不能行,这迫使我们必须用最快的速度找到最精准的投放渠道,尽可能多地触及潜在消费者。

作为一个传媒和创意产业出身,求生欲非常强的策划人,作为自认为最懂得"它"的人,我经常不自觉地挤进市场部同事的讨论,希望为大家提供尽可能多的推广思路,一起挖掘更多更精准的潜在消费者。

那段时间公司的"小红书"刚刚起步,所有同事都还在摸索阶段,于是我也悄悄成为第一批 KOC(key opinion consumer),拍照写字发笔记,但数据反馈出乎意料的好,也算是意料之外的收获。

With my best wishes

前辈们跟我讨论过,到底有多少编辑会,或者能够,为了一本书付出这么多的精力。从职业发展和工作效率的角度来说,大家是善意的,提点我在每个项目里合理安排自己的时间和精力。毕竟现实很骨感,每个人都背着绩效指标,而且选题常常未必是"亲生的"。

关于编辑的工作,我不太确定那条适可而止的界限在哪里。很多不计得失的所谓的"努力"必然不符合成本控制的大局观。我不太确定自己以后还会不会继续以这样感性而偏执的方式做项目。

这本书出版的时候,作为策划人和编辑,我已经毫无保留用尽了自己所有的力量。还是那句话,尽人事,听天命。它被放入市场,数据会给出答案。

利他之心

站在一个普通读者的角度,我希望自己花钱购买的产品是有价值的。

首先,我希望书的整体形态应具有一定的美感,插图雅致得体,启发读者阅读的兴趣,自然而然地跟随这位"伙伴"一同进入这段未知的探索旅程。其次,它的文字应简洁、通俗易懂,而非充满晦涩难懂的术语和概念,拉近与读者的距离。第一人称的叙述生动有趣,阅读时能很快产生画面感,拥有身临其境的体验。

"对现有知识共同体的贡献"和"利他之心"是贯穿整个做书过程的思考。人无我有,人有我精。书的内容和知识应保证准确性,经得起推敲,不断打破知识壁垒,拓展知识的深度和广度。尽可能地推动一些创新性的认识,然后可供其他人参考和引用。

除此之外,排版简洁,印制清晰,尽可能地还原作者原画作的色彩,使之成为植物画家和爱好者可以参考和临摹的范本。

我相信,踏踏实实照顾好每个细节,读者是能感受到的。

博物知识属于人类,我们张开双臂拥抱所有人

虽然《森林之花》大致上是一本博物类的科普书籍,但其实我心里从来没有限定过读者的群体,而是以一种更开放的心态,希望各年龄层和背景的人都有机会愿意看一看内容简介,拿起来翻一翻,哪怕只对其中的很小一部分内容感兴趣,那也没有关系。

我们竭尽全力希望抓住最核心的读者群。第一批读者口耳相传建立起了这本书的口碑,以"植物学"这个关键词为核心,学者、爱好者、植物画家……他们通过这本书"身临其境"地进入亚马孙。得到了他们的认可和支持,我们的吆喝才更加有底气。

它并不是单一的科普读物,也是作者的生命历程、精神气质的浓缩。玛格丽特·米,一位年近半百的独立女性,经历过战争后又义无反顾进入了危险重重的亚马孙,不仅开创了人生事业的第二春,还为全人类的环保事业做出巨大贡献。这样的真实故事便是"反35岁年龄焦虑"和女性主义最有力的体现。于是,这本书也吸引了许多关注自我成长的女性。

美的事物自能打动人,我希望将《森林之花》献给所有人。

"中了魔法般无法动弹"
——《森林之花:玛格丽特·米的植物学笔记》书评

徐 苑

　　人世间的绝美好物是内外兼修的。一本好书更是如此。我原以为《森林之花》是一本艺术画册,看完才发现,科普书居然可以这么美,而美也是促进科普的一种手段。

　　1956 年,英国植物艺术家玛格丽特·米进入巴西雨林,开始了长达 32 年的森林探险。在 15 次深入亚马孙雨林的探寻中,她记录与绘制了那里的珍奇植物。有 9 种植物,是经由玛格丽特发现和命名的。玛格丽特在旅行中始终坚持写日记,《森林之花:玛格丽特·米的植物学笔记》(标题及下文简称《森林之花》)中的文字即来自其中。本书详细记载了她对亚马孙的植物、动物和鸟类的观察,并收录了 160 幅植物水彩绘画与相关照片。这本书首先让人挪不开眼睛的就是这些如梦幻般绚烂的植物画,简直是"一曲色彩与形态的庞大交响乐"。这些画作背景留白,色彩饱

徐苑,资深媒体编辑。

满、形状奇异，久久凝视之下，能让人感受到热带的阳光或森林的幽暗，甚至有植物的清香与水汽弥漫其间。

《森林之花》不同于一般意义上的科普读物，本书不提供如何在雨林中"搜寻"并"攫取"珍稀植物的方法论，甚至没有对植物家族的分类图谱做系统介绍，但是这本书完成了科普读物很难达成的一项成就：激发读者对自然之美的热爱与珍惜。在一篇篇探险日记中，作者尽情描绘林中奇遇与自然万物，尤其植物的美丽与奇异；也痛心地写下对环境污染、森林遭人为破坏的失望与担忧。书中体现出对大自然的热爱，不受年龄、性别、地域和专业限制，赋予生命巨大的意义与美感。作者玛格丽特的一生，就如"森林之花"般完美地诠释了这种美感。

1909 年，玛格丽特出生在英国一个中产家庭。少年时期受过良好的教育，在艺术学校毕业后，从事教育工作。二战期间，她在飞机制造公司担任绘图员。1952 年，玛格丽特前往巴西探望她的妹妹，从此迷上了生机勃勃的南美植物世界。于是她和丈夫迁居巴西大都市圣保罗，开始了作为植物艺术家的生涯。

四年后，47 岁的玛格丽特开始了第一次亚马孙河探险：专注寻找森林中的美好，并且把它们用艺术家的方式记录下来。首先，她当场绘出植物的彩色素描，然后回到画室中，根据素描草稿画出整株植物的全貌。在森林中，碰到纤弱的植物，比如椭圆叶异蕊豆，只能一边画，一边眼睁睁看着它枯萎。最后，如果有合适采集的植物，玛格丽特会用小篮子和盒子，将它们带到圣保罗和热内卢的植物研究中心"落户"。

玛格丽特在内格罗河上居住的一天经常是这样度过的：上午在鹦鹉与犀鸟的叫声中醒来，花一上午时间为一株来自洪泛森林灌木丛中的桑寄生科植物作画，午饭是食人鱼，下午带着采集刀进入洪泛森林。有一次，玛格丽特轻轻碰了一株学名为长叶扭萼凤梨的植物，好几群蚂蚁便发动了狂暴攻击,遇此情况只能等到第二天再来采集了。考验作者耐心的不仅仅是蚁群,还有花期。1982年,玛格丽特在阿纳维利亚纳斯群岛上发现了维氏蛇鞭柱,虽然作者五年前曾经为结着果实的这种植株作过画,但是这一次竟难得遇到顶着花苞的植株。于是,作者每天都去探访那片森林,等待它们开放。一天早上,这株植物的花朵终于盛开了,玛格丽特战战兢兢犹豫很久才决定将其采下。花朵已经绽放到了极致,却可能因为白天的炎热而闭合了。30厘米长的茎秆结实饱满,白丝绸般的大花瓣中隐藏着一道黄色的光芒,其雄蕊排列复杂。这次偶遇也是作者人生中最后一次探险的目标。后来作者了解到维氏蛇鞭柱只在夜间开花,且只有几个小时,因此也被称为"月光花"。玛格丽特的多幅画作,记录了月光花盛开的每个阶段,成为月光花这种转瞬即逝的花朵在其自然栖息地唯一已知的图像。

在本书13篇图文并茂的笔记中,头戴草帽,身穿牛仔裤,脚蹬靴子的玛格丽特没有花费太多的笔墨去描述自己如何引起当地人的好奇与敌意,因为旅途中有的是叫她兴奋得喘不过气来的景象:在落日余晖下,整个洪泛森林变成了金色与绿色的海洋。木棉科和紫葳科树木,有微微闪着白光的树干和四处伸展的树枝,黄花风铃木和红木棉正值花季,垂下长长暗红色的花朵形成流苏。在原始森林人迹罕至的天空下露营,皎洁明月透过树叶照耀着玛格丽特,一只豪猪住在头顶的树冠中,夜猴在四周嬉戏。玛格丽特跟猴子们的交情匪浅,它们大胆地在她的吊床上玩耍,当美洲豹或者小野猫来袭时,它们总会发出警报。维拉普鲁鸟的歌声可以持续好几分钟,旋律变幻动听。据说,这种歌声会令各种生物入迷,情不自禁跟着鸟儿进入丛林深处。

旅行并不总是被自然美景与好物围绕,遇到危急时刻,也无法让玛格丽特忘记她的使命。1967年,在马劳亚河畔的一次航行中,行至激流处,所有人都拼尽全力抓住悬挂在水中的树枝，以免船被扫到瀑布下。就在这时，玛格丽特瞥见了一株吊桶兰属植物，开着淡粉色的花，是非常稀有的品种，正在船主"德德哥"触手可及的位置。玛格丽特央求船主把这棵植物采摘下来。船主伸手拉它的同时，发出声怪叫，成群的蚂蚁涌上了他的胳膊疯狂叮咬。他把植物和蚂蚁一并甩进了河里，并且把胳膊也浸入了水中，玛格丽特这时不顾一切抓住了这棵植物。她太爱这棵珍贵植物了，全然不顾蚂蚁的叮咬，迅速把它放进了一只塑料袋，带回了营地。

不过，那些令玛格丽特青史留名的发现，过程未必如上文所述的惊险与传奇。有的甚至成为她"最失望的旅行之一"。

1971 年，玛格丽特来到亚马孙河下游地区的毛埃斯河，她带着两个熟悉雨林与河流情况的印第安小男孩一同乘独木舟去采集植物。其中一个名叫吉尔贝托的男孩，敏捷地爬上了一棵树的枝干，扔给玛格丽特一株状如希腊双耳瓶的凤梨科植物。它还没有开花，玛格丽特确定这是一个新物种——这就是多花尖腭凤梨的发现过程。之所以称这趟旅途是"最失望的旅行之一"，是因为这座森林方圆好多英里都被大火摧毁了，烧焦的巨树矗立在不毛之地上，被火烧黑的树干上带着白色的疤痕。所有树木无论大小荡然无存，木炭制造厂将亚马孙森林变成了燃料。

这种"失望"在玛格丽特之后的笔记中，常有体现。在《特龙贝塔斯河周围消失的森林》这一篇章里，她记录下了"痛彻心扉的失望"。1984 年，玛格丽特受里约热内卢联邦大学邀请，前往该校在特龙贝塔斯河的奥里希米纳的基地工作。在抵达该地的飞机上，就能看到延绵数公里的大地遭到破坏，形成庞大的人为沙漠。这次行程让作者有时间近距离观察铝矾土公司对亚马孙森林的破坏。巴塔塔湖（特龙贝塔斯河流经之处）成了棕色淤泥湖，堆满了铝矾土残渣。曾经河边宏伟的原始森林被淹没了，巨大的树木被连根拔起。棕色的湖水裹挟着有毒物质，疯狂摧毁土地中的腐殖质,沿着山谷蔓延了十公里之远,所到之处,让一切生命窒息而亡。不仅是植物,鸟类、动物,也都难以幸免,形成了一道名副其实的"死亡之谷"。

曾经生机盎然的巴塔塔湖不见了,致命的铝矾土残渣正在向更远的地方渗透。发黄的叶子,腐蚀的树枝,两岸再无居民钓鱼、泛舟的身影。眼前的一切让玛格丽特震惊,19世纪科学家曾经热情洋溢记录的茂盛森林,只剩下一段令人痛心的灌木丛地带。有人告诉她,他们已经在奥里希米纳采取了诸多生态保护措施,并在遭破坏的地区重新植树。尽管曾经的处女林已成为一片由树木残骸组成的黑色海洋,但仍有几处伞树属植物单品栽培地在努力挣扎着,想要重建垂死的丛林。在森林大面积遭到砍伐毁坏的情况下,玛格丽特还是找到了幸存的珍稀植物——一株鲜橙色的比格诺藤属凌霄花。她写道:"不得不在一个旧笔记本上画下它的素描,因为它已经开始凋谢了。我担心自己永远也不会见到这个物种了。"

读到这里,解开了我看这本书时的一个重要的疑惑。既然作者有相机,她为什么没有选用照相机拍摄这些植物? 除了照相技术受限于光线、背景,很难呈现森林之花的极致美感,也许还有一个致命的限制——时间。如果看到或者采集到一株处于凋谢期的花,相机所能呈现的真实,是无法回溯到盛开期的。

在这本书里,甚至在作者整个探险生涯里,时间的广袤超越了物理上的空间。在1967年的一篇笔记中,作者写道:"在河里和森林里,飞禽走兽们追随着它们的祖先们一成不变的旧有习惯,那是人类在这个行星或者亚马孙丛林中出现以前的生活习惯。这是一种辉煌的存在,时间好像没有留下任何痕迹。"这种独特的时间感,也是作者创作与探寻的动力所在。在玛格丽特画着彩色速写的瞬间,天色将晚,这些花苞很快就要开了。第一片花瓣开始动了,接着是第二片,一朵花迸发的生命的火花让

"我如同中了魔法般无法动弹"。当森林之花盛开时,人作为观察者的冷静与理性,让位给了作为生命共同体的赞美与喜悦。

作者以 47 岁近乎知天命之年,开启了对森林之花热烈美好的追寻。在 30 多年的"寻花"生涯中,她获得了英国女王授予的帝国员佐勋章、巴西共和国的南十字勋章。经历了几十年的森林旅行,玛格丽特和一些植物学家与环保主义者一道公开反对亚马孙地区毁灭性的商业开发。在她提交给巴西林业发展研究所的报告里,也强调了大河流域的居民与动植物生命正在饱受摧残。在 79 岁那年,如果不是一场突如其来的车祸让她的生命戛然而止,玛格丽特依然计划着重返亚马孙。比勋章与个体生命更长久的东西被留了下来,她在这本书里所传递出来对森林之花的挚爱,所呈现的生命之美,足以给人一种力量感。

森林与环境所面临的灾难性变化,常令我们对地球的未来充满恐惧。战胜恐惧最好的办法是谈论它、直面它,并且永不放弃对美好万物的记录与探索。

书名：《诗话湖泊》

作者：郭娅　薛滨　编著

出版时间：2018 年 12 月

出版社：南京大学出版社

所获奖项：

第六届"中国科普作家协会优秀科普作品奖"银奖

《诗话湖泊》是中国科学院南京地理与湖泊研究所创作的湖泊科普系列丛书之一，通过梳理历代古诗词记录中的湖泊，介绍了我国 30 多个历史名湖在湖泊保护、湖区人民生产生活、洪水灾害、渔业生产、人文历史以及科学现象等方面的信息，在展现湖泊之美、诗词之雅的同时，普及了湖泊科学，提升了公众的湖泊保护意识。

科学与文化深度融合的创新探索
——《诗话湖泊》创作感想

郭　娅

　　《诗话湖泊》的创作灵感来源于中央电视台一档大型文化益智节目《中国诗词大会》。该节目以"赏中华诗词、寻文化基因、品生活之美"为基本宗旨,通过对诗词知识的比拼及赏析,带动全民重温那些曾经学过的古诗词,分享诗词之美,继承和发扬中华优秀传统文化。第一次看到这档节目时,我以为受众面会窄,觉得古诗词这个题材除了课堂上学习用来应付考试外,似乎已经远离了我们的现实生活,估计该节目收视率会很低,完全没想到它能火遍大江南北。《中国诗词大会》的火爆亮相引发万人空巷,普通农妇、高中学妹成为"国民网红",很多论坛上都在热议,并且这档节目又陆续推出了多季,《中国诗词大会》无疑成为近年来被广为称颂的文化盛事。《中国诗词大会》的"火出圈"反映了"诗词热"在社会公众中有着广泛的基础,更反映了大家对中国优秀传统文化,对"诗和远方"的渴望

　　郭娅,博士,中国科学院南京地理与湖泊研究所科技处副处长、科普主管。

与追求。

近几年来,在习近平总书记关于科技创新与科学普及"两翼理论"以及中国科学院"高端科研资源科普化"的号召下,我们中国科学院南京地理与湖泊研究所的湖泊科普团队积极实践,原创了《中国湖泊趣谈》《中国湖泊掠影》《湖泊的故事》等一系列科普作品,这些作品以科学现象、科学图片以及科学故事的方式呈现了湖泊科学的方方面面。在创作题材上如何再推陈出新?我们的湖泊科普创作还能与哪些领域进行融合交叉?我们在创作中一边探索,一边思考。

古往今来,多少文人墨客行吟湖畔,留下了难以计数的诗文辞赋,千百年来它们与亭台楼榭、楹联碑刻、逸事传说一起流传至今,积淀成我国独特的湖泊文化。那么,当咱们美丽的湖泊与古诗词相遇,会激发大家怎样的记忆与情怀?又会给大家带来什么样的惊喜与收获呢?经过反复思考讨论,我们决定开发一部基于文化视角的科普读物,把湖泊科学与传统诗词结合起来,创新解读湖泊科学文化,弘扬科学精神,增强文化自信。经过两年多的创作,这本《诗话湖泊》终于得以和读者见面。该书以全新的创作视角将湖泊科学与传统文化有机结合,全书通过梳理历代古诗词记录中的湖泊,讲述了我国30多个名湖的沧桑巨变,湖泊之兴,湖泊之衰,令人震撼,更引人深思。在分享湖泊之美,感受诗词之趣的同时,本书还将诗词中记载的湖泊成因、湖区人民的生产生活、洪水灾害、渔业生产、人文历史,甚至湖泊的科学问题等联系起来进行解读,从古人的智慧和情怀中汲取营养,提升公众的湖泊保护意识,传承和弘扬湖泊文化。

中国科普作家协会名誉理事长刘嘉麒院士为本书亲笔作序并予以高度评价:"湖泊是一面镜子、一幅画卷、一部诗作,这种把科学与文学艺术有机结合的创作,使读者从中既学到了知识,也感受到了艺术的熏陶,可谓学中有乐,乐中有学,值得在科学普及中提倡。"本书的创作历程是一次对科学与文化深度融合的创新探索。作为该书的主创人员之一,我更是体会到科普创作的艰辛和快乐,同时也感受到作为科技和科普工作者的使命与责任,若干创作体会愿与大家分享。

一、立足交叉学科,深挖科普内涵

在公众眼中,湖泊是广为人知的美景;在学者眼中,湖泊是科学研究的对象;在学术领域,湖泊科学是一门综合性交叉学科,具有丰富的科普内涵。

湖泊的美,在于山的沉稳、水的纯洁、林的恬静、田的坦荡、草的温柔、沙的洒脱,山水林田湖草沙生命共同体,构成了美丽中国的一幅幅画卷。湖泊的美,还在于她的汇聚、她的包容、她对人类的默默奉献、她对历史文明的传承记载,极大丰富了中华民族的文化精髓。自古以来湖泊就是咏诵的对象,与湖泊相关难以计数的诗文辞赋流传至今,蕴藏了大量的科学知识和文化密码,是我国传统文化的重要组成部分,更是增强国民文化自信的历史宝库。

我国是一个湖泊资源极其丰富的国家,湖泊分布广泛,类型多样,从青藏高原到太平洋西岸,面积 1 平方千米以上的自然湖泊近 2 700 个,总面积达 8 万多平方千米,约占国土总面积的 1%。这些湖泊滋润着祖国大地,养育着亿万生灵,蕴藏着丰富资源,形成了鱼米之乡……*森森长湖水,春来发绿波*",有湖泊就有生机,保护湖泊是生态文明建设的重要组成部分。

《诗话湖泊》不仅梳理了诗词中与湖泊相关的丰富信息,还从现代湖泊科学的角度对其进行分析和解读,内容新颖丰富。跨越历史的长河,在人类活动和气候变化的共同作用下,湖泊之兴、湖泊之衰令人震撼,更引人深思,能够增强读者对湖泊的科学认知和保护意识。让大众在分享湖泊之美、诗词之雅、科学之趣的同时传承和弘扬我国湖泊科学文化,厚植文化自信。

本书也得到了社会的广泛肯定,入选科技部 2019 年"全国优秀科普作品"(全国 100 项)、入选 2019 年"中国科学院优秀科普图书"(全院 10 项,排名第 3)、入选 2020 年度新闻出版总署"全国有声读物精品出版工程"(全国 55 项)、荣获第六届"中国科普作家协会优秀科普作品奖"银奖(全国金奖 10 项,银奖 19 项),配套发行视频《中国的湖泊》荣获 2018 年第四届"江苏科普公益作品大赛"视频类作品(专业组)三等奖、荣获第三届"中国科学院科普微视频创意大赛"优秀奖。

二、博纵家之所长,突破专业瓶颈

与湖泊相关的科普作品很多,但当前市面上的作品大多仅限于景观性、个体性的介绍或是单纯的诗词文集,如何将科学内涵注入湖泊文化,形成具有中国文化特色的湖泊科普作品,是一次全新的尝试,也给我们的创作带来了不小的挑战。

首先遇到的困难是诗词文学相关专业背景的缺乏。本书的创作团队均是从事湖泊研究的科技人员,利用闲暇时间,在湖泊科学相关领域从事科普创作,虽眷诗文,却知之甚浅。文中所引诗词主要来自《全唐诗》《四库全书》、古诗文网等,同时,对一些比较生僻的诗进行了单独引注。在编写过程中,我们对很多古诗文都是一知半解,通过查阅大量的注释和背景材料,才了解相关湖泊的命名更替、面积变化、开发利用等历史变迁过程。我们还配套购买了大量的古诗词专辑和区域历史地理图集,对照着现代湖泊的具体位置进行追溯查找。一则湖泊的诗词解读也就 3 000～5 000 字,但查找它来龙去脉的资料足足要耗费数月之久。因此,写科普书的过程也是一个学习过程,要根据写作主题摄取丰富的信息,还需要了解多方面学科知识。

另外一个困难是,当你把科学知识点加进去以后,编写故事的难度又增大了。知识点是分散的,如何融入体现,那就需要与古诗进行适配。比如,鄱阳湖作为历史名湖,与之相关的古诗数不胜数,我们就需要提取其中与湖泊科学相关的诗,这里就要发挥湖泊科学相关专家的作用,通过咨询所里相关鄱阳湖研究的专家,我们掌握了湖泊演变关键阶段的信息,这样能快速提取到对应时代的诗词,再将发生的与其相关的历史故事编写进去。创作中发挥多个专业的互补作用,能有效提升我们的创作效率。

三、有趣有料有道,激活创作思路

科普创作不同于文学创作,天生要以科学为准绳,以知识传播和提升公众科学素养为导向,所以在"有趣有料有道"这三个创作层面,最先满足的就是"有道",这也是高端科研资源科普化的必然选择。但好的科普作品一定还要"有趣"加"有料"。

"有趣"是最直接的阅读价值,在价值正确的前提下,如果一部科普作品有趣,那它就成功了一半,通过语言加工、情节设计等方式都能让作品更有趣;"有料"是对作品内涵的认知价值,是比"有趣"更高层级的价值,"有料"的作品一定是能立足当前大家关注的热点并且内涵丰富,它不仅会受到社会媒体广泛地引用、改编、重构,还能凝聚人心、助力社会主义核心价值观建设,并通过"出海"承载着中华文化走出去的跨文化传播的使命,那么中国诗词毋庸置疑是"有料"的,这也成为激发我们创作灵感的重要来源。

我个人觉得,"有趣有料"恰恰是当前科普作品最稀缺的属性,比如我们在写《诗化湖泊》的过程中,有很多涉及改造湖泊的历史故事,都是真实的教训和经验,怎样才能把它们变有趣?这里就要像编剧一样,设计更多冲突的情节,用更加生动的语言为读者提供愉悦和满足。比如,把王安石改造玄武湖的故事进行了话剧式的改编,将大诗人王安石《书湖阴先生壁》这首名诗和其开湖造田的历史结合起来,将改革者当时功成名就的喜悦与后来玄武湖饱受水灾的苦难进行突出对比,这段历史很多读者只知其一,通过我们的改编能让读者更生动地去理解人湖关系,反响很好。

党的二十大报告提出"建设人与自然和谐共生的现代化""统筹水资源、水环境、水生态治理,推动重要江河湖库生态保护治理"。湖泊与人民群众生产生活密切相关,人民群众对湖泊保护治理有着热切的盼望,立足生态环境治理与保护成为我们未来科普创作努力的方向,也相信未来能看到更多生态环境领域的优秀作品。

四、新媒体扩宣传,构建推广网络

湖泊科学涉及的学科背景多、专业性较强,面向更广范围的公众进行科学知识的普及和传播极具挑战性。

湖泊是地貌单元、国土资源、历史遗产、文化宝库……如此多丰富的属性,如何向公众进行全面呈现? 我们依托本书历经多年策划并进行了大量的尝试和推广,基本形成了立足生态环境专业领域的湖泊科普品牌,逐年开展了湖泊主题科普系列活动(征文、诗词、绘画、摄影、微视频、讲座等)和"湖泊夏令营"活动,与公众密切互动;带领大众亲历湖泊相关科学场馆、湖泊与环境国家重点实验室、野外台站,感受科普实践,激发大众参与湖泊环境保护的热情,提升全民科学素养;与本书配套发行的原创科普纪录片《中国的湖泊》及微视频网络传播版,由地学名家秦大河院士、陈发虎院士、刘嘉麒院士、王苏民研究员亲临解说,全面提升内容的权威影响力,并在江苏省教育电视台黄金时段播放;与《科普时报》《未来科学家》《地球》《科学》等国家及省部级报纸杂志以及"学习强国""掌上星球"公众号等新媒体联合推出湖泊科普专栏,对本书原创文章进行转载;发行了一系列丛书配套电子读物、有声读物、VR 影像等。同时,为了能更好地宣传和普及科学知识、科学精神,我们也积极筹备参加了全国书展、江苏书展、科普周、科普日等各类活动,并结合庆祝中华人民共和国成立 70 周年活动,做重点推荐。依托本书丰富科普渠道,构建湖泊科普品牌推广网络,做好科普品牌示范,把湖泊科学研究与科学普及提升到新的高度,让"绿水青山就是金山银山""山水林田湖生命共同体"等生态文明理念在社会、学校与社区广泛传播。

希望通过我们的创作让公众体味到湖泊的美好、科学的纯真、湖泊科学家的执着,以及对祖国绿水青山深深的爱恋,促进公众湖泊保护意识的提升,为建设生态文明和美丽中国贡献力量。

"我在湖边穿越历史"
——《诗话湖泊》书评

王伟铭

　　我和这本名叫《诗话湖泊》的书产生了联觉。当我阅读此书时，已完全沉浸在湖泊的美景与诗词的风雅中，虽身未动，但心已远。如果让我带一本书去游览祖国的大好河山，我不会带地图或者是旅游攻略，而会带上这本《诗话湖泊》。倘若我立于湖边，脑中回想着书中所描写的湖泊和与之相关的知识，口中大声地朗诵书中古诗，那一刻，我仿佛穿越到了历史的长河中，尽情地欣赏祖国的美景。

　　《诗话湖泊》的编著者是中国科学院南京地理与湖泊研究所的科研人员，书中鄱阳湖、太湖、洪泽湖的照片也出自于该研究所科研人员之手。全书结构清晰，图文并茂，详细介绍了我国的 30 个典型湖泊，先是按水域面积大小为顺序依次介绍五大淡水湖，紧接着是我国最大的内陆咸水湖——青海湖，最深的冰碛堰塞湖——喀纳斯湖，新疆海拔最高、面积最

王伟铭，国家图书馆馆员。

大、储水量最多的赛里木湖，还有罗布泊、白洋淀、西湖、大明湖、千岛湖等。每个湖泊，作者都全面介绍了它的地理位置、河段流向、湖泊类型、水域面积、历史演变、生态功能等内容。书中独立完整地引用古诗243首，其中唐、宋、明、清四个朝代的居多，包括唐寅、端淑卿、白居易、孟浩然、杨万里、欧阳修、王士祯、严绳孙等历代名人的创作。参考文献则使用小括号在句尾注明作者姓名及发表时间，并在全书结尾处按作者姓名音序排列。

翻看这本书的时候，我的脑海中会呈现出湖泊如镜的画面，甚至还有湖水沙沙的声音，有鸟，有鱼，有花草，还有湖边的那位诗人，背景是一片波光粼粼。合上书页，回味也无穷，可思绪一转我才想到，这是一本科普书呀！但它却能如此真实地引发我的联想和共鸣，这就是本书的神奇之处。而它之所以能引发我浓厚的阅读兴趣，其原因细细想来主要有以下三个方面。

一、科学与文史结合是本书的亮点

本书将科学和文学相结合，既有科学知识的严谨，又有文学艺术的浪漫。古诗既是湖泊美景的写照，也反映出湖泊水系的变化情况。书中在讲到鄱阳湖南湖历史演变时，引用了唐代诗人白居易《湖亭望水》的诗句"久雨南湖涨，新晴北客过"。这句诗讲述了连降大雨使鄱阳湖南湖水面上涨，天晴后从北来的舟楫往来通过的场面。当时，鄱阳湖作为从北方进入江西的唯一水道，诗中展示出鄱阳湖交通要道一片繁忙的景象。而诗中另一句"岸没闾阎少，滩平船舫多"则描写出久雨导致湖面水位上涨淹没了原始湖岸，湖区居民为避水灾纷纷迁走后湖区的人烟稀少。湖边沙滩广袤又平整，聚集着大量船舫，房屋少而船舫多，展现出湖水大涨后的水乡特色。

在讲到洪泽湖形成的客观因素为"黄河夺淮"时，作者引用了宋代诗人杨万里所作《清晓洪泽放闸四绝句》的诗句来描述当时筑堤治水后的情形："满闸浮河是断冰，等人放闸要前行。"历代治水者不断加高加固堤坝，放闸后的景象堪称"奇观"。而随着洪泽湖水域的扩大，在泗州城还没有被吞噬之前，淮上有浮桥相连，供人来往通过，清代戚玾的《浮桥新成》就高度赞扬了浮桥的利民之功。

除了洪水，诗词也记录着湖泊面临的干涸窘境。白洋淀水域曾经命运多舛，水多了涝，水少了干，宋代苏辙有两句诗文："赵北燕南古战场，何年千里作方塘。"描述当时方圆千里、浩瀚无际的白洋淀（当时称西塘）几近干涸，"胜处旧闻荷覆水，此行犹及蟹经霜"。以前这里应该是荷叶满塘遮蔽了水面，如今泛舟塘中像霜天的螃蟹行走一般艰难。

此外，书中还引经据典，引用李思密所著《湘妃庙记略》讲述洞庭湖名称的由来，引用《太湖备考》中的记载反映出太湖渔业的繁荣兴旺，以及《水经注》《山海经》《说文解字》，还有各地区地方志中对湖泊的描述，这些引用与古诗文相辅相成，对湖泊名称的延续、水系的变化、洪水的特征、治水的方式等加以论证，这种新颖的科普方式比直白的地理和历史解说更能令读者回味无穷。

二、科普和诗词发现旅游的热点

书中诗文不仅描绘出湖泊的秀丽景色，也彰显出历史上渔船往来、商贾云集的盛况。尽管历经沧海桑田，但宁静的湖泊依然在今朝呈现着烟波浩渺的美，它们背后跨越千年的演变历史令人心驰神往。全书文字简练，辞藻优美，诗中有画，画中有诗，再加上专业的科普知识，在文旅融合的时代，本书称得上极具风雅的"旅游指南"。

书中有旅游时人们关注的地方特产。北宋诗人苏舜钦《望太湖》描绘了太湖地区丰富的物产："笠泽鲈肥人脍玉，洞庭柑熟客分金。"诗中将太湖（笠泽）鲈鱼脍比作"脍玉"，形容吴中鲈鱼肉色鲜美。太湖洞庭山盛产柑橘，诗中将客人剥柑橘称为"分金"，"玉"与"金"相对，展现出太湖"商业区"物产丰富，堪与金、玉媲美。

书中也有旅游时人们关注的奇闻轶事，如清代李光弼《仙湖夜月》诗句中的"清光荟桂树，游泳狎鲸鼍"即写到了抚仙湖中的水怪"鲸鼍"。还有明清时期候宏度在赞美抚仙湖孤山岛的《孤山歌》中写道："仰射九霄栖鹤鹄，俯临百仞隐蛟鼍。""蛟鼍"与"鲸鼍"一样，都指抚仙湖中的"水怪"，此水怪——鼍在《现代汉语词典》中解释为"鼍龙，即扬子鳄"。清代赵士麟所作《仙湖夜月》中有两句："俞元仙迹问仙湖，一片烟波点荻芦。"其中提到的俞元古城是由考古发现的存在于抚仙湖底的一片古建筑群遗址。它不仅规模宏大，且具有一定的城市功能，可谓是中国的"庞贝古城"。诗词中隐含的奇闻轶事使得"艺文"和"杂异"在湖泊中相映成趣。同样，新疆的喀纳斯湖不仅颇具异域风情，也有"喀纳斯水怪"的神秘传说，美丽的湖泊对游客充满了惊险又神秘的吸引力。历史文明的传承，轶事奇闻的流传，积淀成为独特的湖泊文化，与旅游相互融合时，便能创造出一种全新的魅力和感受。

三、生态文明建设是科普工作的重点

古往今来，围湖造田、泥沙淤积、蓝藻泛滥、水华暴发、人类对湖泊资源的过度开发和疏于保护等诸多原因导致湖泊数量和面积减少，水质量下降，生态灾害频发，生物资源退化。五大淡水湖，除洞庭湖目前尚处于中营养水平外，鄱阳湖、太湖、洪泽湖和巢湖的水质恶化虽得到遏制，但整体上均处于富营养化水平。书中阐述了 30 个具有代表性的湖泊历史上的盛衰转变、水情汛枯异观、季节景象变化、生物生存环境、湖泊生态现状

等内容，列举了造成湖泊生态问题的原因，既有自然因素，也有人为因素。在为世人敲响警钟的同时，作者呼吁人类对"山水林田湖草沙"进行保护。保护湖泊的景色和文化，增加生物多样性，是生态文明建设的重要组成部分，科研人员在对湖泊进行科学研究的同时，也应传承和弘扬湖泊文化，提高广大读者对保护湖泊重要性的认识。

"数罟不入洿池，鱼鳖不可胜食也；斧斤以时入山林，材木不可胜用也。"古人告诫世人要合理利用生态资源，不可向大自然过度索取。这一"天人合一"的思想不仅表达了古人对自然的尊重和欣慕，也是贯穿于我们优秀传统文化内核中的精髓。作者借古人之口述今朝之愿，今天的我们只有坚持人与自然和谐共生，才能守住绿水青山，实现中华民族的永续发展。新时代的生态文明建设是我们每个人肩负的责任，也是我们为子孙后代的幸福交出的答卷。

书名:《60 万米高空看中
国》

**作者:刘思扬　主编;新华社卫
星新闻实验室　编著**

出版时间:2020 年 10 月

**出版社:江苏凤凰科学技术出
版社**

所获奖项:

**第七届"中国科普作家协会优
秀科普作品奖"银奖**

《60 万米高空看中国》是新华社"60
万米高空看中国"系列报道同名图
书。全书以省为脉络,从太空高度、
历史角度、区位精度、时代维度,用
200 余幅专题地图与卫星影像介绍
全国 34 个省(自治区、直辖市)的奋
斗发展历程,重点展示经济发展规
划、自然生态涵养、红色文化资源、历
史人文风貌。全书通过 60 万米高空
视角带来的巨大视觉冲击,带领读者
跟随时代变迁的步履,见证中国速
度,感受大国荣光。

天空眼眸中的时代画卷
——读《60 万米高空看中国》

肖远湘

　　也许你曾沿着川藏线,被路过的茫茫戈壁所震撼,为直插云霄的皑皑雪山而感动;也许你特别擅长无人机摄影,从高空摄下了祖国的大好河山。可是,你有没有想过,从 60 万米高空俯瞰中国、俯瞰你的家乡,是一种什么感受?

　　由刘思扬主编、新华社卫星新闻实验室编著的《60 万米高空看中国》一书,以平均高度为 60 万米的十余颗卫星图片为基础,用图像和文字串联起了一幅幅气势磅礴、美不胜收的时代画卷。让你以前所未有的视角领略大美中国;让你在更大的空间尺度上,看到自己家乡一路走来的模样。

一、一本有"高度"的书

　　若从 60 万米的高空俯瞰辽东半岛最南端,可以看见这里三面环海,

肖远湘,湖南省作协生态文学分会会员,湘西州作协会员。

巨轮游弋,云帆齐聚,这就是中国十大港口之一的大连港——若非如此高度,怎能摄下如此庞大而震撼的画面?这里不仅是中国最大的海上客运港,还是中国第一台海上钻井平台,是第一艘航空母舰的诞生地,从高空看去,更加凸显大连港的气吞山河之势。

淮安的水上立交,相信很多人都曾目睹,但都是从地面看到的局部。若从60万米高空俯瞰淮河入海水道与京杭大运河交汇的全貌,实在是一幅震撼景象——只见河道纵横交汇,货运船只往来穿梭、繁忙有序,蔚为壮观。这座亚洲规模最大的水上立交工程,气势恢宏,既可满足运河通航,又能保障淮河入海,将人的创造与水的便利展现得淋漓尽致。

再跟随着卫星,从60万米高空俯瞰陕西,可见其中有一大片建筑,极像一枚方形大印章,印章中仿佛刻满了井字与田字,这就是西安城,它还保留着明清时期的格局。作为十三朝古都,西安也是世界历史文化名城,留下了无数文明古迹。

书中还有200余幅专题地图,十里长安大街尽收眼底,京杭大运河连通南北,珠江三角洲的春潮涌动,上海浦江两岸的万家灯火,人工天河——红旗渠撼人心魄,凡此等等,精准权威,丝毫不差,令人惊诧。

二、一本有"深度"的书

循着不同的主题纵读本书,则可以利用大空间、大时间,以独特的视角重新认识中国、认识家乡、认识我们脚下的每一片土地。

由于各省市的历史形成、文化背景、发展脉络、区位优势均不相同,所以书中以"一省一脉络,一地一经纬"为主线,逐次呈现中国大地波澜壮阔的史诗。

照片上,一座座青山被湖水环绕着,露出湖面不规则的齿形山沿,好像海洋中的珊瑚,山和沟壑与湖水相映衬,犹如飞舞的蛟龙——这是卫星2018 从 60 万米高空俯瞰吉林松花湖的画面。

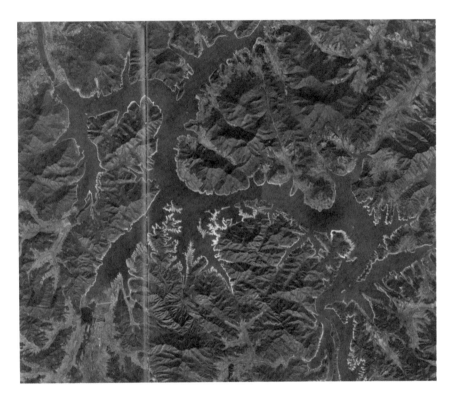

　　松花湖是 1937 年修建丰满水电站坝址而形成的。不过,有着近 80 年历史的丰满水电站逐渐老化,重建工程于 2012 年 10 月正式开工。书中刊用了 1941 年拍摄、建设中的丰满大坝资料照片。照片中显示,当时的建设全靠人工肩挑背驮;而 2018 年拍摄的重建中的丰满大坝照片,施工中却只见机械不见人——过去与现代的强烈对比,工业化的力量感跃然纸上。

　　还有这样两幅照片:第一张是 2018 年 9 月拍摄的河北省塞罕坝景——在一望无际的绿色大草原上,一群群牛羊在悠闲地吃草;另一张是同年 7 月拍摄的塞罕坝的森林——绵延百万亩的绿色，让地面看起来像极了一张渲染了深浅绿色的画布。

殊不知，20 世纪中期，由于人们对塞罕坝过度砍伐和多次山火，这片在辽、金时期被称作"千里松林"，也曾是清代"木兰秋狝"的皇家猎苑——

塞罕坝,变得"飞鸟无栖树,黄沙遮天日"。

不过,在后来的 50 多年里,三代务林人接力,造林 112 万亩,使荒漠变成绿洲。2017 年,塞罕坝林场建设者被联合国授予了"地球卫士奖"。这样浩瀚的绿洲,如果在地面我们只能看到牧草和树木,唯有从 60 万米高空俯瞰,才能看到茫茫草原和茂盛的森林,被这翻天覆地的变化所震撼。

再从一组新旧照片对比中可以看出,改革开放前的深圳蛇口,只有着坐落无序的村民住宅、泥沙土路,以及星星点点的树木,一片寂寞冷落、毫无生气。而 2015 年同在深圳蛇口拍摄的照片,显示如今的蛇口高楼林立,路网纵横交错,绿树成荫,充满生机和希望。经过短短 40 余年的发展,深圳从一个默默无闻的小渔村,发展成为一个拥有 1 300 多万常住人口的现代国际都市,"深圳速度"淋漓尽致地体现在了这两张照片上。

三、一本有"广度"的书

用更广阔的视野去看中国，你会对中国有新的认识。比如，从 60 万米高空中我们可以清楚看见，中国的国土面积虽大，但沙漠和戈壁面积达 128.24 万平方千米，占据了国土总面积的 13.36%。所以，我们对沙漠和戈壁必须要大力治理和利用。

再比如，从 60 万米高空俯视内蒙古库布齐沙漠腹地时，你能看见一匹硕大的"骏马"在库布齐沙漠腹地奔驰——这正是以"骏马"为标志的达拉特光伏电站。这匹"骏马"由近 20 万块蓝色光伏板拼成，而整个达拉特光伏电站则由 178 万块光伏板组成，是世界上最大的光伏板图形电站。电站投入运行后，每年可减少二氧化碳排放量约 80 万吨。同时，这里也是中国最大的治沙基地。该项目既能提供源源不断的绿色能源，又能防沙治沙，真是一箭双雕。

再从卫星上俯瞰港珠澳大桥，似一条巨龙伏波，龙头微微翘起，龙身

部分藏在水下,静卧于伶仃洋,连接港珠澳,使"三地"的通程时间缩短了三分之二。这座世界级的大桥,也见证了中国工程技术发展、前进的步伐,是中国历史长河中一颗璀璨的明星。

若随着卫星的镜头俯瞰全长6 300千米的长江,只见它宛如一条巨龙,横贯神州东西。地处"龙腰"的湖北三峡,伫立着世界最大的水利水电枢纽,不仅极大地缓解了长江流域的防洪压力,而且每年的发电量约1 000亿度,在中国的绿色发展、减少碳排放方面可谓功不可没。

这本书探寻着中华人民共和国诞生的艰苦历程、改革开放,以及党的十八大以来的伟大变迁,我们还可以窥见编者对中国未来的发展充满了希望和信心。

四、一本有"温度"的书

除了心怀对祖国的希望和信心,编者还选取了不少对中国人来说具有特殊意义的照片,帮我们重温了许多不该被忘记的故事……

2008年,汶川县映秀镇发生特大地震,近7万人失去生命,1.8万人失踪，1500多万人无家可归。记者陈凯于2008年5月14日拍摄的地震后映秀镇图片显示，全镇一片废墟，基本找不出一栋完整的房屋。那以后，党中央号召举全国之力，为灾民重建家园。记者刘坤于2018年5月5日拍摄的照片上显示，仅用了10年时间，在废墟侧畔，一座新城拔地而起，如今的映秀欣欣向荣、生机勃勃。

还有新疆塔克拉玛干沙漠的首条公路，它是世界上穿越流动沙漠最长（522千米）的等级公路。从60万米高空俯瞰，这条公路就像一条长长的橙色丝带，穿越大沙漠，把北面的轮台县与南面的民丰县串联在一起。不仅可以推动南疆经济建设，造福南疆人民，而且能够促进文化交流、民族团结、巩固国防和促进边疆稳定。

卫星图片显示，目前第三条贯穿塔克拉玛干沙漠南北的公路正在施工，工人们驾驶的推土机在流动的沙漠中施工，在流动沙尘的映衬下，人和机器好似在沙海中"冲浪"，让人叹为观止。

当你翻开这本书,这令人目不暇接的视觉盛宴,美不胜收的时代画卷,是否也让你想起寻梦路上步履匆匆的自己?中华儿女用不懈奋斗的汗水书写的这大气磅礴的历史长卷,远远还没结束。那远在60万米高空上的眼睛,正在等待记录下你我的故事,记录下中华儿女接下来十年、五十年、一百年的故事。

我想,故事的续集,只会更加精彩吧!

书名:《山川纪行:臧穆野外日记》

作者:臧穆 著

出版时间:2021 年 10 月

出版社:江苏凤凰科学技术出版社

所获奖项:

第七届"中国科普作家协会优秀科普作品奖"特别奖

《山川纪行:臧穆野外日记》是我国著名真菌学家臧穆先生 1975—2000 年在我国喜马拉雅地区的野外科考日记精选。作者结合文字记录的方式,记录了野外考察所见的青藏高原、横断山脉地区等地植被、生态、地理、气候、民俗、文化、历史等众多方面的资料,记述了科技工作者不畏艰辛、乐观奋进的科考事迹。书中还收录了 390 幅臧穆手绘插图,是一部经典的手绘版日记体博物学著作。

呈现科考日记的地理百科与艺术画卷气质
——《山川纪行：臧穆野外日记》编辑手记*

周远政

　　臧穆（1930—2011 年）是我国真菌学界一位承前启后、享有很高国际声望的重要科学家，但却罕为公众所知悉。他是我国第一次青藏高原综合科学考察活动中真菌学的代表性科学家之一，其间参加了在西藏地区、横断山区的多次重要野外考察，留下了 20 余册野外日记。在野外日记中，臧穆以手绘结合文字的方式，忠实记录了科考行程，以及以青藏高原东南部、横断山区、云贵高原、峨眉山脉等地为主，兼及华南、华中、华东、东北等区域的自然资源、地质地貌、气候物候、文化历史、民俗语言等多个领域的珍贵资料。《山川纪行：臧穆野外日记》（以下简称《山川纪行》）这部手绘日记充满科学与艺术融汇的温度与情怀，展现了一位科学家的人文情怀以及宝贵的科学家精神。

＊　科普创作评论，2022，2(04)：81－87.
　　周远政，江苏凤凰科学技术出版社副编审。

作为全程参与本书策划及编纂组织工作的责任编辑，笔者意从以下几个方面分享《山川纪行》一书的编辑工作。

一、团队力量为科学性保驾护航

为保障本书的科学性，我们组建了由多学科一流专家组成的编修团队，各司其职与分工协作并举。《山川纪行》首先是科学考察日记，其内容包含植物学、真菌学、苔藓学、生态地理等多门学科，具有相当程度的专业性，故而多学科专家是本书编委会的一大特点。

臧穆先生的夫人、苔藓植物学家黎兴江研究员*领衔担任《山川纪行》的总策划、总主编，臧穆先生的弟子、中国科学院昆明植物研究所杨祝良研究员担任执行主编。编委会专家包括：真菌学家、中科院昆明植物研究所刘培贵研究员，苔藓植物学家、华东师范大学生物系王幼芳教授，地衣学家、中国科学院昆明植物研究所王立松研究员，苔藓植物学家、深圳市中国科学院仙湖植物园张力研究员，法国图卢兹第三大学生物化学博士王鸣，以及臧穆、黎兴江伉俪生前的两位学术助手张大成、余思敏。上述专家除黎兴江为臧穆先生的家人、学术伴侣外，其他均为夫妇二人的学生、助手，他们长期追随臧穆从事野外考察工作，对日记所载的科考行迹及其学术研究相当熟悉。他们承担了"基金版"全部日记的文字录入、校勘，拉丁文校译，照片、图片资料的搜寻、整理，以及各册日记导读文字的撰写等体量巨大且最为烦琐的具体工作。

植物分类学家、中国科学院昆明植物研究所方瑞征研究员与龚洵研究员受邀担任本书高等植物部分的科学审读；地理审校专家刘仁军受邀审读了全书地理方面的相关内容。出版社则成立了以社长傅梅、

---

* 黎兴江于 2020 年 11 月 4 日去世。

总编辑郁宝平领衔，多位编审、副编审及资深编辑组成的编辑团队，密切配合专家团队完成选题立意研讨工作、图书编修组织工作及图书审校工作。

这些各领域优秀专家的精诚合作，保证了《山川纪行》编修工作的严谨、细致与全备。

二、渲染人文性·增强读者与科学家工作的共鸣

1. 手稿与过录文字对照呈现

将手稿与过录文字对照呈现，是渲染本书人文性最重要的举措。臧穆先生的考察手记内涵极其丰富，除了科学价值，还具有非常宝贵的文化内涵。其价值远远超越了自然科学范畴，具有广泛的知识性、趣味性，是科学与人文艺术结合的经典，同时还具有鲜明的中国文化特色，也是中华传统文化与现代科学完美融合的典范。植物生态画家马平先生评价道："臧穆的野外日记是典型的中国文人画的一种变式，是中国人才能写出的东西，与西方博物学家的迥然不同。"

科考笔记有着特殊的一手性，忠实展现了未经加工的野外工作最原始的记录，是科学家研究成果诞生和成熟过程的重要文献证据。世界科学史上重要的科考笔记都从未出版过这样的版本。如被视为"《物种起源》的准备和基础"的《小猎犬号航海记》，其最重要的版本有1840年的初版、1889年的普利切特插图版，但从插图的原创性和体量而言，《山川纪行》都可谓远远胜之；华莱士的《马来群岛自然考察记》也仅收录少量来自其个人素描、照片或标本的插图；我国最为著名的地理考察巨著《徐霞客游记》，手稿早已散佚，仅存后人整理辑录的文字版。"基金版"《山川纪行》可以说是世界首部完备的手稿影印图与整理文字对照呈现的科考笔记类图书。植物分类学家马金双就曾评价道："（臧穆）无愧于中国当代著

名的博物学家，如此逼真而又引人入胜的手记，即使置之世界生物学殿堂，也毫不逊色。"

2. 多角度充分展示其人生侧面

除呈现臧穆日记本体之外，编辑还通过补充臧穆传略，记述其人生之路、艺术之路，探求臧先生一生思想境界、科学精神与丰富人生形成的本源，为读者提供可资借鉴的人生启迪。

三、保证通俗性、可读性，加强科普价值

1. 翻译专业术语，校勘疑难错漏

臧穆先生的日记手稿虽然因其丰富而优美的手绘予人赏心悦目之观感，然其文字却存在难读、难辨的特点，集中体现在日记中用了大量的拉丁文及行草体、手写体。尤其是其 20 世纪 70—80 年代的日记，有着大量的物种采集记录。臧穆先生有着扎实的植物分类学功底，在野外记录物种时，皆随手写就拉丁学名。即便对于现在的专业人士，这样的学术功底也是令人叹为观止的。然而野外日记毕竟是在匆忙行旅的间隙完成的，总难免存误。加之臧穆先生书法功底深厚，行、草、篆甚至石鼓文，都是信手拈来。即便是在专业书法家的协助下，有些手写体也难以辨认。经过编委会的反复斟酌、讨论，最终形成了在逐一照录文字、校勘文字及将所有物种拉丁名逐一翻译为可信的中文名的基础上，对拉丁学名予以省略，只录勘译后的中文名的原则，这既保证了版面篇幅内所有日记内容的收录，同时又为读者排除了阅读障碍。专业人士如有研究之需，可参照"基金版"的手稿影印图自行索取、考订拉丁文。这样的体例，是本书编委会在编修实践中自行摸索出的路径。而其难辨的书法手写文字，则由编辑协同专家，各方请教书法界人士，尽力逐一勘校核对，以求为读者提供可信文本。

2. 导读与图片资料助理解

为贴近广大读者,《山川纪行》通过解读科考背景,增加大量历史照片,帮助读者充分理解笔记内容。值得一提的是,本书囊括的各册日记,均有较为详细的导读文字,这是一把读者了解臧穆科考日记不可或缺的钥匙。臧穆先生所参加的历次大大小小的科学考察,皆有其特定的历史背景、考察目的,日记看似零散无序,实则包含了明确的规划。这些导读文字的撰稿者皆为本书编委,都曾分别随臧穆参加过书中记录的野外考察。由这些专家撰写的导读,不仅可为读者提供可信的阅读指南,且以私人视角呈现了臧穆更多鲜活的侧影,具有特殊的文本价值。此外,《山川纪行》中所辑录的大量与日记内容密切相关的照片资料,也是对日记颇具价值的补充图像。

四、重视史料采集整理

在《山川纪行》文本整理基础上,编委会加强科学史料采集工作,力求为重要科学家存留可信史料。"基金版"收录 4 篇序言、1 篇引文、4 篇附文。王文采院士所作之序,以其平生所观之宏阔视角,为臧穆先生的野外日记定下"当代科学界的《徐霞客游记》"之禀赋基调;而臧穆先生的平生知己、著名生物艺术画家曾孝濂先生以及黎兴江研究员的序言,则从不同侧面解读了臧穆先生丰富、有趣而充满个性的精神世界;生物史学家、中国科学院庐山植物园研究馆员胡宗刚先生通过采访及文献收集的方式,为本书撰写了翔实的《真菌学家臧穆传略》,为臧穆先生的平生事迹留下了可信的基础文献。附录文章中,杨祝良研究员整理执笔的《臧穆先生发表的 10 种重要经济真菌新种》《臧穆先生发表的论著及新物种》、刘培贵研究员整理执笔的《臧穆与集邮》以及由黎兴江研究员生前执笔、其助手张大成先生整理的《黎兴江自传》,从学术成就、独特之兴趣及臧穆重要的人生伴侣、学术伙伴的角度,存留了供后人研究的翔实、可靠甚至是首见的珍贵文献。

　　"基金版"与"精选本"皆为臧穆先生在我国大陆地区的科考日记,他生前还曾赴多个国家(包括日本、美国、加拿大、德国、俄罗斯、芬兰、德国、瑞士)访学或考察,留下了 7 册精彩的境外科考日记,也一并以"山川纪行"命名。这部分日记既包括与各国生物学家的考察、研究工作纪实,又同时展现了多元的异国文化与缤纷的风土人情,其中许多篇章臧穆皆以英文、德文写就,展示了深厚的外文素养,其手绘同样精彩。这部分日记是改革开放之后我国科学家走出国门,展开广泛国际合作与交流的珍贵文献,臧穆在日记中展现了一位知识分子在这一时代背景下中西碰撞之中的文化思考与家国情怀。在"基金版"申报国家出版基金之初,国际部分科考日记的出版便已提上日程,并初步拟定名为《山川纪行:环球发现之旅——臧穆科学考察手记》。目前,这部分日记的整理工作正在推进。

五、双版本满足不同受众需求

　　针对不同阅读群体,《山川纪行》推出"基金版"和"精选本"两个不同的版本。

　　第一,两个版本存在收录内容之异。"基金版"偏重文献性,"精选本"注重普及性。"基金版"完整收录 1975—2008 年臧穆国内科考日记的全部内容。全书分为上中下三册,共计 1 528 页,120 万字,收录 664 幅手绘图、213 张照片。"精选本"收录 1975—2000 年臧穆在藏东南及横断山区的科考日记。全书一册,496 页,共 53 万字,插图 390 幅。"精选本"对日记原稿中专业性较强的内容进行了较大幅度的删节。"精选本"未收录"基金版"中的胡宗刚序、曾孝濂序及 4 篇附录文章;将黎兴江原序略作删节,作为附文收录;保留但精简了"基金版"的各册导读内容,省略了各册行程的内容。

第二,两个版本存在装帧设计之异。"基金版"由多次荣获"最美的书"奖的青年设计师周伟伟操刀设计。本书为 16 开,横开本。影印原作手稿图居中,文字分居两侧,力求最大程度完整呈现臧穆日记文献原貌。装帧设计模仿臧穆先生手稿本塑胶封面的质地,采用果冻硅胶皮为封面材质,锁线裸脊装订,且部分内文在设计上特地保留了手稿泛黄、斑驳的质感。整体设计意在呈现臧穆先生日记的年代感。"精选本"是由"黄铅笔奖""最美的书""中国出版政府奖装帧设计奖"得主赵清先生操刀设计。开本为 16 开,竖开本,除保留少量原作手稿图外,大部分以小插图形式呈现,力求在有限篇幅内容中容纳更丰富的文字内容。内页采用 80 克轻型松嵩纸,不仅轻,而且很好地还原了日记手稿的年代感。封面是深蓝色的书衣纸,封底是草木色书衣纸,书脊是锁线装订外覆亚麻布,意在呈现草木与自然的韵味。尤其是封面副书名的烫白底纹,其实是借用了臧穆先生日记手稿封面上用白纸打印、裁剪、粘贴上去的分册名称的样式,传递了这本书原初而质朴的手工特质。

《山川纪行》是一部有着丰富内涵与独特手绘魅力的人文地理奇书、大书,一部展现了中国科学家精神、科学家气度与中国文化魅力的博物学经典。它展现了作者对世间万物饱满的好奇心,罕见的知识综合建构能力,求真务实的科学家精神与心系天下的家国情怀。其多维的科学文化价值,将会随着时代的发展、时间的沉淀而日益彰显。

国家高度重视科普工作,提倡大力弘扬科学家精神。一手性的科学家手记无疑是一座尚未得到充分重视与发掘的科普资源宝库。这些史料由于缺乏有效的管理机制,或长期束之高阁,或散佚严重,更遑论系统性的编研出版。期望《山川纪行》的出版能够抛砖引玉,有更多出版界同仁将目光投向这一遗珍宝库，通过与科研单位、科学家本人或其家属建立起有效的信息渠道，发掘出更多的优秀科普资源，使之以契合新时代科普工作需求、读者需求的形式，为我国的科学文化传承继往开来，添砖加瓦，贡献新的力量。

书名:《斯瓦尔巴密码:
段煦北极博物笔记》

作者:段煦 著

出版时间:2018年5月

出版社:化学工业出版社

所获奖项:

第六届"中国科普作家协会优
秀科普作品奖"金奖

《斯瓦尔巴密码:段煦北极博物笔记》是博物学者段煦多次前往北极考察的笔记,系统介绍了地处北极腹地的斯瓦尔巴群岛环境,以及那里的动物、植物、地貌和人类历史遗迹。全书采用"北极指南"的结构,以笔记的形式、通俗的语言普及了关于北极的科考知识,在展现北极之美的同时强调保护极地生态环境的重要意义。

写中国人视角下的"世界自然之书"

——以《斯瓦尔巴密码：段煦北极博物笔记》为例

段　煦

一、缘起：我们需要一本中文极地手册

　　十几年前，当我第一次来到孤悬在北冰洋深处的斯瓦尔巴群岛考察时，接待和遇到我的，几乎都是外国人，以欧美发达国家的居多，他们中的少数人是来这边工作的，但大部分的，居然都是来这里旅行、探险的游客。我不禁感慨道，我们国家的游客什么时候也能到这里来看一看呢？此后又过去几年，而在这几年中，我遇到自己同胞的机会一年比一年多，至2015年初夏时，当我再次来到这个群岛的首府朗伊尔城，街上、邮局、商店里，竟然每天都能遇到自己的同胞了！斯瓦尔巴群岛——这颗北极的明珠，已不仅仅是那些发达国家的"后花园"了，越来越多的中国同胞选择将北极、南极这样的"极限目的地"作为自己"下一个要去的地方"，这是多么大的变化啊！基于此，问题也随之而来，来极地这样的地方旅行，自然

段煦，博物学者、科普作家，中国博物学研究院首席科学家。

不像普通的旅游点那样,随便看看风景、吃吃美食、了解了解当地的风土人情那么简单,这里是常人难以到达,特色动植物丰富,特殊地貌风光多样,到处充满危险,同时环境又极其脆弱的地方。如果在出行之前没有做足功课,贸然前往,显然辜负了一次极其难得的"自然洗礼",更重要的,对于自己的生命安全和极地脆弱的环境,也是极不负责任的。

随着时间的流逝,越来越多从北极回来的朋友都对我说"快写一写北极的风物吧,那里太美了,可看来看去,只知道很美,却不知道都是些什么,一路上,手头也没有一本指南类的资料可以查阅"。可是说写就写,谈何容易?在那段时间里,我还真到书店里去找过,结果发现,近年来出版的有关南北极的书籍着实还真是不少,大致分为"探险笔记""科普知识"和"极地攻略"三种。"探险笔记"大多以科学家或探险家写自己的故事为主,以 19 世纪末到 20 世纪初欧洲的中译本居多;而"科普知识"多是些翻译或抄录自国外的文章,这些文字要么是大家都已熟知的通识知识,要么是些在普通的极地旅游活动中极难遇到的"纯科学问题";而那些装帧精良的"极地攻略"固然有"一书在手,打遍天下"的气魄,但内容偏重于极地旅行的食宿行和野外生存,而我知道,朋友们想要的"指南"其实是本图文并茂的,囊括动物、植物、矿物、冰川地貌和历史人文遗迹的"极地说明书"。随着出入极地的次数增多,手头积累的资料和图片也越来越厚,碰巧我在极地的研究课题还与"自然环境和人类文化"有关,而以上罗列的知识似乎又是我的课题中所涉及的,因此觉得,的确是到了把我所知道的极地写出来的时候了。我想,写成这样的书,能为极地旅行者提供知识储备固然好,但如果还能让一时去不了极地的人足不出户也能遍览极地自然世界,岂不更好?于是,在写作风格上,我陷入思考:参照一般的地区"指南"类的知识参考书写,文字未免太过生硬,最好能像考察(观察)笔记那样,以作者视角带大家实地去看会好得多,但考察笔记又不方便人们现场查阅……最终，我决定用"指南"的结构罗列、归纳极地物种与景观类型，以第一人称视角的笔记叙述观察故事，在每个情节上都配以我在极地拍摄或绘制的实景照片、素描、彩画作为插图，以上问题即得到解决。

二、把解读"极地密码"的快乐传输到笔尖

就如书名一样，解读"极地密码"仿佛是我天生的使命。我生性怕冷，命运却鬼使神差地把我的工作地点安排在了位于北纬74°到80°的斯瓦尔巴群岛上，这里虽地处北极圈深处，极地动植物及地貌景观却丰富多样。相比北极圈周围的其他地区，数这里的纬度高，其他北极地区从北纬66°附近的北极圈开始，而该群岛，一下子就到了北纬70多度；相对其他寒冷干燥的北极地区，这里却享受着北大西洋暖流，虽地处高纬，但温度却高得多，夏季多数时间都能保持在0℃以上。群岛上一半以上的地区都是自然保护区，动物和植物物种繁多，生物多样性体现得十分完美，夏季到处是花红草绿、鲸游熊跃、沙鸥翔集的美丽世界。大量候鸟不远万里，来此筑巢繁殖，继而使北极狐的种群繁盛。岛上有分布最北的驯鹿群，这里的驯鹿不怕人，很多个体可以近距离观察（但要求保持5米以上）。北极熊的分布密度很大，有统计报告称，至少有3 000头北极熊生活在这个群岛及附近的浮冰上。整个群岛地表受冰川、气候、地质运动等多方面的影响，地貌类型丰富，现代冰川与古冰川遗迹俯拾皆是，真是研究极地科学得天独厚的"风水宝地"。

整日和这些美丽的生灵以及令人震撼的地质景观在一起，让我感到无比的幸福，而让我为我所见过的每一种动物、每一种植物、每一种地貌景观作传就成了自然而然的事情，写作《斯瓦尔巴密码》的日子是令人兴奋而快活的，我努力把这些兴奋与快活自然而然地传输到笔尖，道理很简单，这些美好的事物，都是大自然神奇造化的完美体现，而我作为受益者，

自然愿意为她放声歌唱，我在本书前言中如是说："听说，有一种特殊的'极地微生物'，它使你一旦进入北极地区，就会染上'北极热'……这真一点不假。这是30多年前，苏联极地动物学家乌宾斯基说的。对于这段话，我曾一直抱以不屑。但万万没想到，双脚踏上'北极土地'的一瞬间，我就知道，我已狂热地爱上了这里而不能自拔！没有人催促，每天十几个小时趴在苔原上观察记录、采样分析、辅导学生……完全沉浸在一种莫名的极度亢奋之中。"

在以往的科研教学与科普活动中，我认为，要想向学生特别是青少年教授好科学知识，"讲故事"是最好的表达方式之一，把自己的工作热情、科研兴趣融入这些"有意思"的故事当中，自然能感染读者，提高他们的阅读兴趣，于是乎书中便有了"致命邂逅巧化解：野外遇见北极熊该怎么办""来自北极的美味酸菜：山蓼""荒野中的信任：岩雷鸟""与大胡子水手相遇：格陵兰海豹、环斑海豹、髯海豹""北极植物与人类的后天：仙女木"等情节曲折、时空跨度大、自身感受与遐想丰富的章节。北冰洋在大部分时间里所表现的气象状态都是"阴云密布"和"晦暗寒冷"的，但书中的物种照与地貌奇观景象大多选取那些在少有的"春和景明""阳光普照"天气下拍摄的图片，这样不仅能够把当地动植物最美好、最活泼的精神和生命状态表达出来，并且能够在情绪上给读者以积极、昂扬、快乐的调动，令全书色调丰富化，让读者对本就多姿多彩的自然世界产生兴趣，同时不回避客观，将其阴霾的一面配合文字作集中表述。

三、正确引导读者和游客·保护地球环境

群岛上有众多值得一看且别处难得一见的珍稀物种、地貌奇观，这自然是吸引全球游客和探险家们最充分的理由。此外，这里的全地形车、雪橇犬只、雪地摩托、游艇、皮划艇等各种类型的极地交通工具琳琅满目；还

有整条街的户外装备用品店,可满足极地旅客的各种着装需求。值得一提的是,在整个环北极地区,极地邮轮运营商们,大都喜欢以朗伊尔城作为所运营线路的起点或者终点。经营北极点探险的人,也喜欢把这里当作大本营。随着我国游客越来越多地把目光从故宫、长城、黄山、"新马泰"、马尔代夫等,移向更加遥远的极地,如朗伊尔城这样身处极地,同时又担负极地"桥头堡"和"接待站"任务的地方,极地势必要热闹起来,这对极地的环境压力是空前巨大的。回避和漠视都是不理智的态度。

如何理性地看待极地旅游,如何正确地运作极地旅游,如何在有限的时间和空间内把控好对极地的开发,既满足游客对极地景观生态的观赏需求,又不破坏其环境的原始性……这些都是摆在极地自然与社会科学工作者面前的新课题。无疑,让更多的极地旅游者在出发前做足"功课",正确了解极地脆弱的生态环境状态,理解保护极地对我们生存环境的重要性,在极地这个地球上难得的"环境大课堂"接受洗礼,再回到自己生活的环境中树立热爱自然、保护环境的意识,是我们目前所能做和必须做的事情,这也是我撰写本书的现实意义之一。

鉴于此,本书所展示的物种和地貌类型以邮轮航线中普通游客可以遇见的作为优先、详细介绍的内容,并且在介绍过知识性内容后,特别强调其保护的意义和方法,例如针对不同物种对人的适应程度,介绍与观察对象所保持的距离,又比如在遇到路间生长的植物群落应如何躲避与跨越。由于风化作用严重,极地地区的历史人文遗迹很难与周围自然地貌环境相区别,书中详细介绍了各种早期人类遗迹的类型、鉴别方法,以及如何保护……例如不要移动地上的石块、木材、鲸鱼尸骨,不能随意在地上做叠石、符号刻画等。在以往出版的极地书中,往往只介绍西方人如何保护极地,而本书则尽可能多地介绍中国的科技工作者及游客在极地如何保护那里的环境,并注意收集那些具有足够说服力的图片配在书中。

这部分内容在本书的最后一章"极地旅游探险攻略和注意事项"中表述最多。

四、创作属于中国人的"世界自然之书"

这本"北极自然之书"的写作对于我之后出版一系列描述个人所经历的自然保护地的作品具有重要的开拓和借鉴意义。有了本书的成书经验,我索性趁热打铁,把地球的另一端——南极洲的科考经历以相似的体例和语言风格写就出来,形成与之相配的"姊妹书",即《冰洲上的游戏:段煦南极博物笔记》。由于我在南极洲科考开始的年份比北极还要早,且涉及东、西两个半球的南极洲,对整个大洲及南大洋的理解比较完整,极地生物和典型地貌景观的资料收集也比较丰富,因此撰写一部南极洲的"地方博物志"与"自然观察指南"就成为写作目标。

与上一本描述北极斯瓦尔巴群岛这样一个相对局限的地方相比,市面上关于整个南极洲的中文科普读物要多得多,如何能达到目标并在这一众读物中有自己的特色呢?我同样借鉴了写《斯瓦尔巴密码》的做法,力图在物种和景观类型上收录齐全,本着"亲历、亲见、亲闻"的原则埋头写好自己的南极故事,并做好文末的"彩蛋"。《斯瓦尔巴密码》的"彩蛋"是在书封内夹了一张仿古的硬牛皮纸质地的斯瓦尔巴群岛博物地图,凡书中涉及的地点,均在图上标出,同时图上画满了该地区所特有的动物、植物、地貌风光和历史建筑遗存,既可以在极地邮轮上对照自己所处的位置"按图索骥",又可以贴在自家墙上欣赏北极,受到了众多读者的欢迎。《冰洲上的游戏》同样需要这样的"彩蛋"!于是就有了书后的手绘"南极海鸟图谱"和"南极海兽图谱"博物画集。博物画(也叫科学画、标本画)的绘制是博物学者必须掌握的基本技能之一,与前人(博物画起源自西方大航海时代,由随船画家或博物学者以油画、水彩、素描等技法绘制)不同,我的博物画源自早年掌握的双钩晕染中国工笔画，既要求形象、比例上能够保证描绘对象的准确，又要符合我们民族古朴、生动的文化和审美情趣。我当时的想法是，如果将来我的书能够译成其他文字走向世界，那图录上的这一抹"中国风"必然会为它增光添彩。

《冰洲上的游戏》于2021年9月出版，至今各大销售平台上的"好评率"仍为100%。两本"姊妹书"被我国极地探险向导群体广泛传播，如今已入驻多国极地邮轮图书馆，为中文旅行者服务。读者除对其内容进行肯定外，纷纷称其"有非常好看的插图"。次年，《冰洲上的游戏》获得了海峡两岸评选的第十一届"吴大猷科普著作奖创作类佳作奖"（《斯瓦尔巴密码》曾获得第十届该奖项），两本"姊妹书"接连获得该奖项，这在该奖的评选史上应该也是少有的。

随着中国学者"走出去"的经历越来越多，书店里相似题材图书品类已不再被那些19世纪末到20世纪的西方"探险记"所充斥，我们国家的孩子捧着欧美人撰写的"世界自然之书"，仰望"其他国家的人"探索自然世界的历史一去不复返了。很快，我在市面上见到了更多诸如《东非野生动物手册》《婆罗洲异虫志》《科学家带你走世界：马达加斯加探秘》这类由中国科学家撰写的"世界自然之书"。这对我国的孩子们建立民族自信心弥足珍贵。现在，我正把我十几年来在地球各个自然带、各大洋上考察过的岛屿资料都收集在一起，准备出版我的第三本"博物笔记"——一本献给孩子们的，有关于世界岛屿的"自然之书"。我想，只要我走得动，就这么在地球上一直走下去，把那些有探索价值的野生动物栖息地、珍稀植物保护地和特殊地貌景观丰富的地区多走上几遍，把我的"博物笔记"写成厚厚的一摞，为千千万万的孩子们贡献数量更多、质量更高的精神食粮。

世界之极的动静之美
——读《斯瓦尔巴密码：段煦北极博物笔记》

王景睿

翻升《斯瓦尔巴密码：段煦北极博物笔记》（下文简称《斯瓦尔巴密码》）这本书，就像打开了一扇世外桃源的大门。在斯瓦尔巴这片北冰洋群岛上，一望无际的雪原、高耸嶙峋的坚冰奠定了肃穆静谧的基调，突然闯入镜头嬉戏打闹的北极熊和闲庭信步的海鸟增添了勃勃生机，迎风坡上随风摇曳的绳子草、星星点点的仙女木在黑土与白雪之间点缀了缤纷的色彩。相信每一位读者都会忍不住喟叹一句："这就是北极啊！"

《斯瓦尔巴密码》的作者段煦是博物学者、科普作家，长年从事博物学、地理学的科考和科普工作，足迹涉及南北极、南美、非洲等地区。他不仅具备丰富的博物学知识，同时对自然怀有深沉的热爱和敬畏。"双脚踏上'北极土地'的一瞬间，我就知道，我已狂热地爱上了这里而不能自拔！"

王景睿，国家图书馆副研究馆员。

从此,他成了斯瓦尔巴群岛的"常客",着迷地用相机记录下北极美丽而隐秘的博物世界。

作者在书中用精彩的照片带给读者震撼的视觉享受,更以幽默生动的文字、贴近自然的姿态描绘出极地动植物的"生活情趣",展现人与自然相互影响和交流的历史。全书分为斯岛霸主传、斯岛鸟兽志、斯岛群芳谱、斯岛山海经和斯岛风景篇五个章节,从动物、植物、地貌和人文几个方面展现了斯瓦尔巴群岛的多姿多彩,不仅是一本"考察笔记",也是"博物科普",亦是"旅游攻略"。

一、用博爱的情怀感受斯瓦尔巴的美

由于常年受北大西洋暖流的影响,斯瓦尔巴群岛的气候相对于同纬度的北极其他地区要温暖,夏季温度有时能达到7℃以上,极端天气少,使得这里物种丰富、地貌多样,是北纬80°附近最适于人类居住的地区。近几十年来,为了保护北极脆弱的生态,当地政府叫停了污染严重的采煤业,旅游业逐渐成为这里的支柱产业。

斯瓦尔巴群岛的首府朗伊尔城是地球上最北的城市,也是北极地区唯一被认为"熊比人多"的城市。在这里,北极熊才是真正的主人。在很多有关北极的旅游攻略中,作者们似乎对北极熊充满了向往,来到斯瓦尔巴就是为了展开一场"逐熊之旅"。但《斯瓦尔巴密码》的作者段煦作为科考人员,与旅行者们有着不同的心态和目的。面对北极的生物,尽管他也是无比兴奋的,但不是因为猎奇,而是希望怀着一颗博爱的心,以"朋友"的姿态了解这些生活在地球极北角落的生物。这种"设身处地"的态度渗透于《斯瓦尔巴密码》的字里行间,使得这本书相较于其他北极科普读物的阅读体验感更真实,读者仿佛身临其境,与动物们感同身受。例如当作者看到一只北极熊从鼻梁到脑门儿的毛有些污浊时,他暗自思考:"能够

把毛弄脏的东西,就只有食物在脸上留下的血污了。"一想到这只北极熊今天吃了顿饱饭,作者自己也高兴起来。

远观北极熊时,作者总戏谑地将它看作调皮的孩子,不仅呆萌可爱,好奇心也极强。有时人们在轮船上远远看到陆地上的北极熊,它会来回走动吸引人们的注意,或盯着你瞅 40 分钟不带错眼珠儿的。但真正近距离接触时,作者又吓得大气都不敢喘,谁让"在北极熊眼里几乎一切喘气的东西都是食物"呢!在一次野外考察中,作者生动翔实地记录下了与北极熊的一次惊险"邂逅"——还没见到熊的身影,同行的向导已经如临大敌停止前进,在多方确认安全后,队伍才胆战心惊地与北极熊来了个"隔崖相望"。紧张的氛围让读者也不禁屏住了呼吸。

相比于北极熊这样的庞然大物,作者更愿意和冰原上小型的动物"交朋友"。他会半夜爬到山上寻找北极狐的巢穴,并在之后的几天里观察并记录下北极狐忙碌的夏季生活;也会近距离、长时间地观察髯海豹,并亲切地称它是有一嘴漂亮的俾斯麦式胡子的"美髯公";或者尾随在个头大、胆子小的北极驯鹿后面,拍下它冬天特有的"熊猫眼"。

越是了解北极,作者越被北极的多姿多彩所吸引,进而对它生出博爱与呵护之心。这种深切的人文关怀感染着读者,迅速拉近了北极这片遥远的土地与读者的心理距离。尤其是近几年来,北极生态气候的快速变化引起了世界范围内的高度关注,在作者的解说下,全球气候变暖导致的浮冰区缩减、北极寒潮愈加频繁等现象变得具体而迫切,可爱有趣的动物们面临着空前的生存挑战。有了切实的感受,读者们不禁生出"我们的地球我们守护"的壮志豪情,这比空谈环境保护更有号召力。

二、用理性和科学记录斯瓦尔巴的美

《斯瓦尔巴密码》这本书不是简单的科普知识的堆砌,而是充满了作者理性的思考和科学的精神。北极熊作为北极的霸主,却偏偏生出了与环境融为一体的毛发,是何缘故? 作者逐一列举并分析了三种主流的解释:躲避天敌说、透光吸热说和隐蔽色说。最终确定北极熊是为了在浮冰上隐蔽自己、捕获海豹才进化出透明的毛发,不然通体黑色的毛发更利于它获取热量。

作者还曾是一则偏颇的新闻报道的"目击证人"。英国《卫报》的记者在没有经过调查研究的情况下,"想当然"地认为斯瓦尔巴群岛一头死去的北极熊是因全球气候变暖导致的捕猎困难而饿死的。但作者曾对这头死去的北极熊进行过"尸检",并客观地得出结论:它是一头年老的熊,且已死去多时、尸体腐烂,才会在地面形成毛毯似的"瘦弱"造型。作者进而以多年来收集的野外观察结果为依据,认为北极熊的生存状况因个体差异而大有不同,和气候变暖没有直接的关联。

在斯瓦尔巴群岛短暂而宝贵的夏季,作者经常为了记录最精确的结果、拍到最好的照片,每天十几个小时趴在苔原上观察记录。他熟知动物们的性格特点和生活习性,再加上他执着的科学探索精神,逐渐积累了丰富的与动物们"交友"的经验。有次作者偶遇了一群罕见的岩雷鸟(一种松鸡),为了取得其中雄性"哨兵"鸟的默许,他与鸟儿展开了一场"你退我进、你进我退"的持久战,花费了大半天时间获得了鸟群的信任,成功地在5米的近距离处拍摄到了岩雷鸟的照片。

但是科学的发现仅靠不懈的努力是不够的,有时也需要运气的加成。作者曾连续两年在7月观察同一个山谷中的北极驯鹿,第一年的驯鹿披着一身"破老羊皮袄"(没有完全褪去的冬毛),第二年晚了5天的驯鹿却已身着绒毯一样的美丽夏毛。要知道驯鹿完全换毛起码需要20天以上的时间! 如果作者能拍到同月同日、同一纬度,同一种鹿不同毛皮的照片,那将是气候变化导致驯鹿提早换毛的活证明,可惜终未成功,留下了遗憾。

作者经常说：“以博物的视角看待大自然，以博物的胸怀来容纳大自然。”只有当我们始终保持宏观的视野、理性的思维和科学的态度时，才能在认识大自然后热爱它、认同它，进而呵护它。这种博物的胸怀正是《斯瓦尔巴密码》这本书与其他考察纪实类作品的最大不同之处。

三、用幽默的语言升华斯瓦尔巴的美

令人身临其境又风趣横生的语言是《斯瓦尔巴密码》的另一大特色。作者仿佛是北极世界中的一员，与动植物们毗邻而居，用诙谐有趣的笔触将它们的悲欢翻译成人类的语言。

鸟类在斯瓦尔巴群岛广泛分布，品种多样且易于观赏。作者笔下的鸟类性格鲜明，各具特色。雪鹀是勤劳又疲惫的“三胎妈妈”，虽然它不停地捕食，但三张嗷嗷待哺的嘴巴就像三个无底洞一般仿佛永远填不满；端庄优雅的白颊黑雁妈妈总是领着一串灰不溜秋的毛球宝宝，一旦附近有异常响动，毛球们一股脑儿钻到妈妈的翅膀下面，样子尤其可爱；拥有“王者”级颜值的王绒鸭爸爸不喜带娃、只好梳妆打扮，平日里一副泰山崩于前而色不变的淡定模样，一旦有其他雄性接近自己的雌性配偶，它会毫不犹豫地冲上去捍卫自己的地位；还有千万不要惹急了令人敬畏的北极燕鸥，它甚至能把北极熊赶出自己的领地，当它感到威胁时，会毫不犹豫地发射“生化武器”——胃里半消化的海产，那味道绝对让人终生难忘。

斯瓦尔巴群岛的植物种类也非常丰富，夏季的苔原到处散布着花红草绿，作者对它们的介绍更是让人忍俊不禁。比如北半球的优势树种柳树，从北京到北极都有它的身影，但地名的一字之差造成了迥异的欣赏视角：北京的柳树要抬头看，北极的柳树低头看都不行，非得趴在地上才看

得清楚——3厘米高的柳树算得上极为罕见的"大树"了。

　　幽默风趣的背后不仅有作者丰富的博物学知识支撑，他对诗歌、电影甚至美食的广泛涉猎也让原本枯燥的知识更接地气。说到北极卷耳，作者联想到了诗经中的"采采卷耳，不盈顷筐"；说到高山早熟禾，作者提到了它的亲兄弟——遍布我们身边的草地早熟禾；说到山蓼，作者的中国胃被勾起了思乡之情——它是来自北极的美味酸菜！

　　斯瓦尔巴群岛也有很多人文景点，作者调侃着中国北极黄河站门口的两座汉白玉大狮子，形象极具中国特色，为北极带来了"一抹中国风"。还有最令人惊心动魄的意大利号救援纪念地的故事，见证了人类不分国界的善与美。

　　如何让科普知识读起来既幽默又不浮躁？《斯瓦尔巴密码》是一个极好的范例。科学的严谨与生活的情趣融合在一起，读者在轻松诙谐中既了解了博物学的科普知识，又被动植物们的故事所吸引。作者的学识和情怀可见一斑。

　　斯瓦尔巴群岛毋庸置疑是集自然美和人文美的"世外桃源"，作者以博物的胸怀、理性的思考和幽默的语言，将斯瓦尔巴群岛上各类生物的"精彩生活"呈现给读者。作者仿佛意外闯入世外桃源的山外客，与北极的万物展开了有趣的对话。这里的一切是那么纯洁神圣，令人不忍亵渎。但北极的生态是极其脆弱的，越是深入了解北极，作者越是对北极的未来充满担忧。他在书中一再提醒读者保护北极生态的重要性。由于北极气候变暖，北极熊觅食的浮冰区离陆地越来越远，导致它们觅食愈发艰难；北极的植被生长极为缓慢，不到1平方米的植被往往是几十年甚至上百年的生命结晶，不小心踩上一脚就可能将之破坏。北极作为全球气候的调节器，保护北极是关乎人类命运的重要课题。作者撰写本书的目的就是希望"让更多的极地旅游者在出发前做足'功课'，正确了解极地脆弱的生态环境状态,理解保护极地对我们生存环境的重要性,在极地这个地球上难得的'环境大课堂'接受洗礼,再回到自己生活的环境中树立热爱自然、保护环境的意识"。愿《斯瓦尔巴密码》这本书如作者所言,带给读者北极之美的同时吸引更多人加入保护美的行列。

书名:《正在消失的美丽: 中国濒危动植物寻踪》

作者:管开云　郭忠仁

朱建国　主编

出版时间:2019 年 10 月

出版社:北京出版社

所获奖项:

第六届"中国科普作家协会优秀科普作品奖"金奖

《正在消失的美丽:中国濒危动植物寻踪》是由来自中国科学院全国各植物、动物研究所的专家学者,历经 10 余年编写而成的大型博物类科普图书。全书分植物、动物两卷,通过千余幅精美照片、手绘,以通俗的科学语言,系统、全景地展示了我国 130 种珍稀濒危植物和 214 种珍稀濒危动物的形态特征。

中国濒危动植物的生存画卷
——《正在消失的美丽：中国濒危动植物寻踪》评介

马赵扬

自达尔文时代以来，自然的奥秘逐渐被揭开，绚烂丰富的世界让我们感叹大自然的造化，人们开始用文字图画记录这种震撼，并传递给更多的人，科普就是其中的一种。目前，市面上出版的自然科普图书有很多，比较出名的有《DK 博物大百科》《中国少年儿童百科全书》等百科全书式的科普图书。除此之外，还有野外寻踪式的观测笔记，比如《看不见的森林：林中自然笔记》《发现之旅》，以及专门针对某一物种的科普图书，比如《中国鸟类野外手册》《玫瑰圣经》。这些书都有各自鲜明的主题和清晰的出版定位，或以宏大的视角，又或以引人入胜的故事讲述，抑或以全面又专业的展示吸引读者。与这些优秀的科普图书一样，《正在消失的美丽：中国濒危动植物寻踪》（下文简称《正在消失的美丽》）以我国濒危动植物为主体，以推动濒危动植物的保护为目标，主题明确、定位清晰，用科学的语言，简洁的排

马赵扬，国家图书馆副研究馆员。

版,呈现出了一幅中国濒危动植物的生存画卷。

这套书由我国众多科技工作者历经 10 余年编写而成。其中,通过比较选取了我国受威胁最为严重的一部分物种,分植物、动物两卷,分别介绍了我国 130 种珍稀濒危植物和 214 种珍稀濒危动物,包括它们各自的识别特征、保护价值、濒危等级、濒危原因、保护建议等,有的还涉及物种的发现史、文化史和利用情况。各种信息一应俱全,无论是对成人读者还是儿童读者都很适宜。

一、专业的科学家团队使得这套书的内容更加科学严谨

科普即科学普及,首先要注重科学性。这要求科普作者必须是具有科学背景的专业人士,甚至是科学家。《正在消失的美丽》的编写团队非常强大,他们都是来自中国科学院的科技工作者,动物卷的编委会成员主要来自中国科学院昆明动物研究所、中国科学院动物研究所;植物卷的编委会成员主要来自中国科学院新疆生态与地理研究所、中国科学院植物研究所、中国科学院武汉植物园、中国科学院昆明植物研究所。其中,在植物卷的编创过程中,先后有 7 个植物园的 100 余位科技工作者参与了相关工作。

物种是生命的基石,地球上有数以千万的物种与人类共同存在。20世纪末到 21 世纪初的 40 年间,全球脊椎动物种群数量减少了 58%,约每 5 种植物就有一种受到不同程度的威胁,由于物种之间相互关联、相互制约的关系,物种的消失将直接危及人类的生存和发展条件,因此"抢救生物就是拯救人类本身"。这套书在前言、概述部分分别详细讲述了动植物保护的知识背景,包括中国濒危物种的现状、评估标准、主要威胁因素,以及生物多样性对人类生存的重要性和保护对策。在写作细节上,严谨的专业术语使用也是本书值得一提的地方。动物篇在前言中特别指出了本书仅介绍了约 1/4 的我国受威胁的脊椎动物物种,概述部分的标题就是

"脊椎动物多样性及保护现状",这是因为动物篇介绍的就是哺乳动物、鸟类、爬行类、两栖类、鱼类这些脊椎动物们,而实际在地球上还有占动物种类绝大多数的无脊椎动物们,普通读者大多对这些专业的物种分类不太了解,这种严谨的科学词语的使用,一方面很自然地将科普带入到科学研究层面,另一方面也引导读者继续深入探索地球上的其他生物种类。

二、直击主题的设计巧思,让读者对动植物濒危程度的感受更加直观

《正在消失的美丽》的副标题是"中国濒危动植物寻踪",所以这套书的内容是关于濒危动植物的,而这里的关键词就是"濒危"二字。如何显示书中所列动植物的濒危情况是编写过程中首先要面临的问题,这个词没有解释好,就无法让读者跳入濒危动植物的世界。在这方面的处理上,《正在消失的美丽》在概述部分详细介绍了物种的评估等级和标准,并且用图表直观地展示了物种的濒危程度。在正文部分,对物种的保护等级、濒危等级,以提示框的形式在书页的上角做了文字说明,同时又以冷暖渐变的颜色柱按序显示濒危程度,并突出显示当前动植物所属濒危程度的颜色柱,让读者一眼望去就明白这个物种的濒危程度是怎样的,对照濒危等级和保护等级的文字说明,进一步引导读者去对比和研究不同动植物的濒危程度差异,这是《正在消失的美丽》设计上的一大亮点。提示框的下半部分是物种所属的目、科,这是生物分类的范畴,这部分内容就像身份信息一样是自然科普不可分割的一部分,亲子共读时可以算作一个知识点,方便有余力的家长以此为始,带孩子继续探索物种的其他分类层级,比如,谁是谁的祖先,谁跟谁是亲戚。

三、整齐的排版方式给人以舒适的阅读体验

整套书的排版方式一致,两本都按前言、概述、正文三部分排版。其

中,正文部分用单面或者一整面一个物种的介绍方式,图文对照得非常工整。图片大小交错,清晰度很高,同一物种有不同性别、不同姿态的图片呈现,给人栩栩如生的感觉。文字部分,按识别特征、生态学和生物学特性、濒危原因或保护价值等内容排版,没有冗杂的内容,文字周围有大量留白,不会给人带来信息感的压迫感。字体适中,其中用不同颜色的字体凸显物种识别特征部分的内容,巧妙地对正文部分做了切割。这种图文处理,无论从观感上,还是阅读体验上,都显得更加轻松。由于专业的科普读物本身带有一定的枯燥性,大部分读者更热衷于看图片部分,对文字部分多为略读,这种整齐的排版方式,也方便读者的跳跃浏览。

　　作为一套讲述濒危动植物的图书,关于某一物种具体的濒危原因的描写,是读者迫切想要知道的。例如动物卷中关于白尾海雕濒危原因的描写,其中写道:"作为食物链顶级消费者,白尾海雕会受到农业杀虫剂DDT的严重影响,通过食物链的富集作用,DDT影响到鸟类钙的新陈代谢,使蛋壳变薄,孵蛋时在母鸟的重压下,这种卵往往会破碎而亡,导致数量减少",短短的一段描述,可以让读者陷入深深的思考,孵蛋时的母体重量导致蛋壳的破碎,一种疼痛感扑面而来,从而自然地将物种保护的思想传递给读者。而对于物种文化属性、历史属性的描写,也为正文内容增加了故事性和可读性。

四、适合各个年龄段的读者阅读

　　这套书是全龄段的科普读物,其专业内容的写作可以供有一定生物学基础的人深入了解我国的濒危动植物。书中巧妙的设计,以及大量精美图片的呈现,也提供了儿童独立阅读的空间。同样,这套书也非常适合亲子共读,并且能够带来非常愉快的亲子阅读体验,其中相同的图文布局,可以使家长"指哪打哪",无须费神在字里行间多做寻找。而濒危程度颜色柱的设计,也可以作为儿童快速寻找某种濒危程度物种的提示标,来一场物种探索大比拼,比如:野外灭绝的物种类别有哪些,地区灭绝的物种类别有哪些,一级保护等级的物种有哪些,等等。

精装科普书的通病就是又大又厚又重,不宜携带,也不宜取用,这套书也不例外。未来的精装科普书可以考虑采用更加轻便的纸张,尽量缩小图书的尺寸,也可以编成几本小册子,以方便携带。随着现在家庭户外旅行的常态化和儿童科学教育的普及,可以随时携带的轻科普图书是市场的方向。另外,由于专业性的要求,科普图书的内容本身容易枯燥,科普文字如何能够在专业的同时,更加富有趣味性,是未来科普工作者需要继续探索的。

书名:《**遗世独立:珍稀濒危植物手绘观察笔记**》

作者:殷茜 著;出离 绘

出版时间:2019 年 11 月

出版社:江苏凤凰科学技术出版社

所获奖项:

第六届"中国科普作家协会优秀科普作品奖"银奖

《遗世独立:珍稀濒危植物手绘观察笔记》是有关珍稀濒危植物的自然生态科普读物。全书选取了 32 种珍稀濒危保护植物,在描绘它们的形状、大小、品种等的同时,也娓娓道来它们在岁月中多样性不断演化的故事。书中引入了 100 幅体现植物形态特征的精细手绘,还原了每一株濒危植物所具备的蓬勃生命力与和谐美感。

植物科普创作中人文赋能的实践
——《遗世独立：珍稀濒危植物手绘观察笔记》创作手记

殷 茜

植物类科普图书是一类以植物知识为主题，通过通俗易懂的语言和图文并茂的形式，向读者普及植物知识的图书，其内容可涵盖多个方面，如植物的形态结构、分类系统、生态功能、繁殖与传播、药用价值、食用与营养价值等。植物类科普图书不仅可以帮助读者了解植物的基本知识，还可以引导读者认识植物在生态系统中的重要作用，以及植物与人类生活的密切关系，既能满足读者的好奇心，又能提高读者的科学素养和环保意识。

然而，随着城市化的加剧和现代生活方式的快节奏化，人们对自然环境和植物的关注度相对较低，加上缺乏接触自然的机会，缺少对植物重要性的认知，大众更倾向于关注经济发展、科技创新和人际关系等方面的内容，而对自然环境和植物的价值认知相对较低，意兴索然，这一现状，给植

殷茜，科普作者、翻译，国家植物园科普馆高级实验师。

物类科普图书的创作带来巨大挑战。在创作《遗世独立：珍稀濒危植物手绘观察笔记》（下文简称《遗世独立》）这一以珍稀濒危植物为科普对象的作品时，笔者更是感到困难重重。很多读者对植物，尤其是野生植物相当钝感，认为植物大同小异，除了观赏价值和食用价值之外，对植物的其他属性缺乏感受能力，加上珍稀濒危植物距离大众更远，许多珍稀濒危植物甚至连名字都十分拗口，公众认知度就更低了。因此，在《遗世独立》的创作中，笔者尝试利用增强人文赋能的方式，提升读者的阅读体验，以获得更好的科普效果。

一、科普创作中的人文赋能

科普创作中的人文赋能是指将科学知识与人文关怀相结合，通过科学的方式传递人文关怀的理念和价值观，它强调科学知识不仅仅是冷冰冰的事实，还应该关注人类的情感、价值观和社会影响。

在植物科普图书创作中增加人文性，有助于提高科普传播效果，使植物科普图书更加生动有趣。首先，人文元素的加入可引发读者的情感共鸣，促进读者理解植物与人类的关系，从而产生关注植物保护和可持续发展的意识；其次，人文元素可以使植物科普图书更具艺术性和文化内涵，通过插图、摄影作品等的引入，提升图书的审美价值和阅读体验；最后，人文元素可以拓展作品宽度，通过植物科学与历史、音乐、艺术等其他学科的碰撞，充分体现植物在人类生活中的重要性，从而增加对植物世界的认识和理解。

二、《遗世独立》中人文赋能的体现方式

1. 表现形式

植物意象是自然意象的重要分支，植物能够激发人的综合感受，也是

艺术创作的灵感来源之一,利用植物的这一特点,可以在植物科普创作中探索增加艺术性的表现形式。

《遗世独立》的艺术性首先体现在插图上,全书没有使用一张照片,而是采用了近 100 幅体现植物形态特征的精细手绘插图来配合科普知识的介绍。照片是机器的"创作",摄影技术在近一百年的时间里突飞猛进,而相比简单地按下快门,绘画过程中琢磨构图、线条和配色来得更慢;相比用电脑来完成照片的后期处理,一笔一画的描摹和勾勒显得更有温度。采用手绘笔记这一"科学 + 艺术"的形式,用最传统、最慢、最有温度的方式来观察植物、表现植物,更贴合与世无争的珍稀植物所应呈现出的文雅与安静,借助绘画的艺术性,传达了本书向生命和自然致敬的意图。

本书中的手绘艺术作品或细致优美或朴实有趣,均出自我国优秀的青年博物画画家出离之手,翻开书本,即刻便感受到扑面而来的艺术气息,所有读者几乎都在第一时间为图片的高"颜值"所吸引,并为之赞叹。根据用途不同,书中手绘作品可分为两类:植物科学画和手绘笔记图。植物科学画是以植物为对象,以绘画为形式,真实反映植物种类、形态特征的特殊艺术形式,是科学与艺术,自然与人文的完美融合。在本书中,植物科学画作为每种植物的"定妆照",还原了植物全生命周期中最美、最有代表性的一面,而手绘笔记图则凸显轻松随意,体现边观察边快速记录的效果,有助于读者迅速抓住某种植物的主要特征。此外,本书的艺术性也体现在装帧设计上。封面设计中避免了复杂花哨的元素,仅用大面积的浅灰底色展现珍稀濒危植物隐居深山的低调,其上,祖母绿色的烫金植物剪影光华闪烁,彰显这些山间精灵的超凡脱俗和遗世独立。此外,在文字排版、纸张选择、扉页和目录等方面的设计上,也秉持与全书主题协调一致的设计理念。

市面上许多优秀的植物类科普图书都具备较强的艺术性,如畅销科普书《DK 植物大百科》便是将摄影艺术与植物知识相结合的典范,通过高清摄影技术,该书把植物细微之处的结构纤毫毕现地呈现给读者,视觉效果震撼,获得了广泛好评。

2. 语言运用

科普读物语言的运用,要在具备准确性和逻辑性的同时,重视人文化的表达方式,若仅有知识的搬运和连缀,往往令读者感到枯燥乏味,有趣易懂或富有诗意的优美语言,有助于带领读者走进较为陌生的领域。如《写给孩子的古典文学植物图鉴》一书,便是以古诗词作为线索,让读者一边感受诗词韵律、节奏和语境,一边了解植物,是以人文性作为切入点开展植物科普的范例。

在创作中,笔者十分注意语言技巧的运用,以拉近植物与读者的距离,如可以广泛使用拟人手法:把兰科、木兰科等观赏性较高的植物种类比喻成美人,把孑遗植物比喻成见证了沧海桑田的老者,把普陀鹅耳枥、银缕梅等因为偶然事件奇迹般生存的植物种类,比作命运跌宕起伏的幸运儿……同时,可以适当增加科普语言的文学性。在每一种植物的"定妆照"——植物科学画边,笔者根据每种植物的特点或配了小诗一首,或摘取了文中最具代表性的一条语句,以增加文学性,如在介绍厚朴时,考虑到其外形特征、习性和药性都很温和,便写它"一脉幽香,温风不禠";在介绍七子花时,考虑到它的花为白色,宿存的花萼深红这一罕见的观赏特点,写它"一双魔术手,红白两身裙";在介绍玫瑰时,考虑到大众口中的"玫瑰"实为植物学中的月季,而真正的"玫瑰"之名属于另一种珍稀植物,写道:"爱情是盲目的,玫瑰的花名是错拿的"……这些技巧的运用,可以很好地拉近读者与植物间的距离,让读者产生想要了解的愿望。

3. 叙事和批判性思维

融入讲故事的元素是将人文性融入科普书的另一种方式。使用叙事技巧来吸引读者,并使复杂的科学概念更具相关性,通过将个人轶事、历史事件和现实生活中的例子编织到写作中,创造一种更好的阅读体验。同时,人文学科鼓励批判性思维和哲学反思,这在探索科学概念时也很有价值。科普书籍可以深入研究科学理论的哲学含义,如现实的本质、意识或人类知识的局限性等,这种跨学科的方法使读者能够更深入地了解科学思想。

在《遗世独立》创作中,笔者增加了自己亲身经历和观察过程的叙事,通过讲故事来引起读者的共鸣。例如,在介绍虾脊兰时,笔者把这个体验提炼为"野花的态度",先讲述在野外考察中发现虾脊兰的亲身经历,再描述对虾脊兰的观察,接着引出野外偶遇虾脊兰给人带来的综合感受,即"野花是有态度的。不同于想象中,野花百折不挠的态度,这株虾脊兰传递着的,是高傲尊贵,是可远观不可亵玩,和对自然的敬畏"。最后引导读者思考"生长在原生环境里的植物,才有自然本来的模样,野生植物的美和园林植物的美有所不同,自然中的植物本色需要悉心呵护,让读者意识到不要惊扰原生植物"。即使读者会忘记虾脊兰这个名字,但若能通过科普引发大众产生思考和认知,那么科普工作就便取得了成效。

越来越多的科普作品用讲故事的方式增加批判性思维,如在《森林之歌》中,作者便十分善于通过讲述自身研究的真实经历来带领读者发掘生命体背后所伴随的哲理,启发读者感悟作者想要表达的世界观和价值观等。

在植物科普图书的创作中,一方面要包含深度而专业性的植物知识,另一方面可以通过增加人文赋能的方式,强调人与自然之间的相互依存,引导读者进行情感上的投射和共情,激发读者的责任感和参与感,体现科学知识背后的人文情怀,提升科普效果。

俯身细观自然之美

——《遗世独立:珍稀濒危植物手绘观察笔记》书评

刘　杨

　　遗世而独立,通常用来形容志向高洁的文人雅士或是绝代佳人,在翻开这本书之前,从未想过这样的形容词竟也与这些世所罕见的濒危植物如此契合。正如作者在前言中写道:"'濒危'二字往往让人联想起羸弱的垂暮之人,而真正走近这些植物的身边,就会发现它们或是'超凡脱俗,浑身散发着灵气',或是'见证沧海桑田,带着时间的烙印',它们历尽千难万险,犹如奇迹般出现在我们的身边。当我们真正俯下身躯,仔细观察,就会感受到这些顽强的生命力带给我们的难以名状的震撼。"而作者也希望能够借由自己的笔触,让这些珍稀濒危植物走进大众的视野,让大家看得见、认得出、想得到。

　　本书作者殷茜就职于植物园,这本《遗世独立:珍稀濒危植物手绘观察笔记》,在以隽永的文字生动讲述的同时,辅以出离女士精妙的手绘图,

---

刘杨,国家图书馆副研究馆员。

将植物的前世今生娓娓道来。作为一本科普图书,画面精美、语言动人,历史典故与科普知识巧妙融合,在普及濒危植物生存现状的同时寓教于乐,给读者以美的享受。

一、文字优美,可读性强

"三四月间,普陀鹅耳枥开出随风飘荡的柔夷花序,如同一根根柔软的小手指,雄花序是淡黄色的,每串雄花序由10~30朵雄花组成,每朵小花的苞片,形如倒扣的小碗,扣住身下的雄蕊,免受风吹雨打;雌花序中绿中带红,也是一串串地垂着。"

植物不同于动物,虽然不言,却坚定地履行它在自然界的职责,一草一木都遵循着自己的节奏,不疾不徐,开花结果、落叶生根。作者用自己细心的观察,柔软的笔触,为我们打造了一个由珍稀濒危植物组成的秘密花园。花园里既有我们熟悉的银杏、玫瑰、水杉,也有"地球独子"普陀鹅耳枥、花开浪漫的秤锤树、"不可复制"的连香树,它们在这花园中默默绽放,完成属于自己的历史使命。全书介绍了32种珍稀植物,每篇都独立成章,作为一本科普读物,作者在介绍专业知识时语言生动,讲述植物来源的历史故事引经据典、信手拈来,以润物细无声的方式向我们普及了植物学的简单知识。读者既可以随手翻开一页,当作一篇优美的散文,慢慢欣赏,也可以结合植物分解的手绘图片,细细阅读。作者把每一种植物都看成自己的朋友,俯下身去与它们轻声交谈,如数家珍一般道出每株植物根、茎、叶、花、果实、种子的特点。文字中既有科学的严谨,又有对于生命的关照。在她的描摹中,我们仿佛走进一片神秘花园,在这里感知一草一木栩栩如生的温度与美感。作者通过优美的文字带领我们来到珍稀濒危植物身边,唤醒了我们发现植物之美、感受大自然之奇妙的神奇体验。

二、植物绘画，真实还原

有人说："如果说摄影能够记录瞬间,那么科学绘画记录的就是物种的永恒。"早在汉唐时期,我国介绍草药、农作物等的典籍就已经使用了白描绘图的方式讲解如何辨认和利用植物,虽然之后中国图谱偏于写意,与写实风格的西方植物绘画渐行渐远,但到了 19 世纪末,我国也出现了以西方科学绘画的手法来描绘生物物种的科学绘图师。对于博物画或是植物科学画的绘者而言,既要精准反映植株特征,又要融合艺术创作,科学与美,缺一不可。栩栩如生、纤毫毕现,已不再是博物画的最高标准,按照自然规律来真实再现动植物蓬勃的生命力,唤醒人们对自然的感知,才是博物画师更高的追求。

一味著名的中药

果实

假鳞茎上有像荸荠般的环带

我们一般常见的科普图书,所附图片都是更能精准反映大自然状况的照片,而这本书却采用手绘图片的方式,向我们生动展示了南京中山植物园中栽培的珍稀植物。相较照片而言,手绘图片逾越了照相机冰冷客观的视角,从绘者的所观所感出发,更生动地向我们展示了植物蓬勃旺盛的生命力与顽强不息的生长状态。可以说,本书的植物绘画,是在认真观察植物各个阶段不同的形态之后精心创作的,比照片融入了更多绘者的心意与技巧,与优美的文字相得益彰,给读者以美的享受。

高质量完成一幅植物科学绘画并非易事,具有娴熟技艺的绘者,需要在创作前期进行大量信息搜集,全方位掌握所绘植物的植物学特征,才得以在保证科学性的基础上,做到对植物每一处细微结构的精准还原,并凸显其中最重要的细节。接着,绘者要对所掌握的数据进行再加工,以艺术的形式还原出植物自然生长中最动人的一刻,让植物跃然纸上。可以说,植物科学绘画承担了将难以直接观察到的事物带到观众眼前的"重任"。

在出离的画笔下,这些隐居山林的珍稀濒危植物画作,生动地还原出植物真实的肖像和独有的性格,体现出生动的自然之韵、生命之美。

三、科普知识·通俗易懂

作为一本科普读物,普及科学常识应该是本书的首要目的之一。与动物保护相比,植物保护似乎与我们有更多的疏离感,我们甚至只能认出寥寥几种珍稀植物的名称。作者在书中并未展现植物保护方面的硬核研究,而是通过真实还原的细节画面与柔软的笔触谈及植物的种群现状、生存环境相关的问题,细心地描绘植物的花、叶、果实、根茎的特点,以及四季的变化,对于普通人而言,这是一本通俗易懂的入门植物科普读物。例如书中在介绍红豆树时写道:"四五月间,顶梢或叶腋生出白色的花序,每朵花由三种不同形状的花瓣组成,分别称为旗瓣、翼瓣和龙骨瓣,拼在一起如翩飞的蝴蝶,黄色的花药,着生在飞扬向上的雄蕊尖端,一副翘首以待的架势,整朵花很有设计感……整株植物毫无奇特之处,直到豆荚炸裂的一瞬,惊觉所有铺垫只为揭开谜底的此刻。天哪! 是什么能令它结出这般圆润红亮的扁豆子呢?"作者通过一张张生动而又富有张力的图片,温暖动人的文字将植物学科普知识及作者内心对于植物的热爱传递给读者,真正做到了有温度的科普。

物种的产生消亡本来是一个自然的演化过程,但由于人类活动造成的影响,目前地球物种灭绝的速率远远超过了地质历史上任何时期。根据世界自然保护联盟的统计,世界上已知的 30 万种高等植物中,已有 2 万种处于濒危状态。根据 2023 年 5 月最新发布的《中国生物多样性红色名录—高等植物卷(2020)》,全国现有野生高等植物 39 330 种(包括种下单元),目前共有 4 088 种高等植物为受威胁物种,占比 10.39%。近年来,随着生物多样性调查和监测力度不断加大、科学研究不断深入,我国高等植物保护工作得到了长足发展,野生植物健康状况有所改善,部分物种濒危状况持续向好,但与此同时,生物多样性下降的整体趋势尚未得到根本性扭转。

正如作者在书中所说:"每一个人,每一种生物都是历史的一部分,是时间空间的一分子,过去、现在与未来是连续的,每一个分子都是休戚与共的。对于珍稀濒危植物的保护,我们普通人应该树立起保护环境的意识,从力所能及的小事做起,保护植物赖以生存的环境。拯救中国濒危物种、保护生物多样性,也正需要我们每个人共同努力。"